中小企業診断士
最速合格のための
要点整理
ポケットブック

第1次試験 ❷ 日目

TAC中小企業診断士講座

TAC出版

は じ め に

　我が国の企業数の99％を占める中小企業は、機動性、柔軟性、創造性を発揮し、「我が国経済のダイナミズムの源泉」として積極的な役割を担うことが期待される存在として位置づけられています。こうした位置づけとなっている中小企業が経営革新など新たな取り組みを積極的に行うためには、中小企業が不足する経営資源を確保できるよう、国が支援することが重要です。その環境整備のひとつとして、①民間経営コンサルタントとして、中小企業を全社的視点で経営について診断・助言する能力、②中小企業の利益の最大化のために、行政・専門家との橋渡し役となる能力を、国が認定するために設けられているのが中小企業診断士制度です。そして現在、国は中小企業診断士の総数の拡大に努めています。

　このような時代の流れに対応すべくTAC出版では、中小企業診断士試験の受験対策書籍としてさまざまなアイテムを刊行しております。

　その中の本書「最速合格のための要点整理ポケットブック」には、次のような特長があります。

① 第1次試験合格に必要な重要論点を広く網羅しつつ、内容が簡潔にまとまっていること
② 通勤途中での学習等を考慮して、持ち運びやすいコンパクトなものに仕上がっていること
③ 付属の赤シートを使うことにより、重要キーワードの暗記がスムーズに行えること

受験生の皆様にとって、本書が効率よい学習のお役に立てれば幸いです。

2020年12月
TAC中小企業診断士講座
講師室、事務局スタッフ一同

目　次

経営法務
第 1 章　民法その他の知識……………………………………… 2
第 2 章　会社法等に関する知識………………………………… 13
第 3 章　資本市場に関する知識………………………………… 35
第 4 章　倒産等に関する知識…………………………………… 36
第 5 章　知的財産権等に関する知識…………………………… 39
第 6 章　その他経営法務に関する知識………………………… 52

経営情報システム
第 1 章　情報技術に関する基礎的知識………………………… 58
第 2 章　システム・ソフトウェア開発………………………103
第 3 章　経営情報管理…………………………………………113
第 4 章　統計解析………………………………………………127

中小企業経営・中小企業政策
第 1 編　中小企業経営…………………………………………132
　第 1 章　中小企業概論…………………………………………132
　第 2 章　中小企業白書2020年版第 1 部：
　　　　　令和元年度（2019年度）の中小企業の動向 …………137
　第 3 章　中小企業白書2020年版第 2 部：
　　　　　新たな価値を生み出す中小企業…………………………150
　第 4 章　小規模企業白書2020年版第 2 部：
　　　　　地域で価値を生み出す小規模事業者……………………160
　第 5 章　小規模企業白書2020年版第 3 部：
　　　　　中小企業・小規模事業者と支援機関……………………168
第 2 編　中小企業政策…………………………………………170
　第 1 章　中小企業政策の基本…………………………………170
　第 2 章　中小企業施策…………………………………………172
　第 3 章　中小企業政策の変遷…………………………………188

経営法務

第1章 民法その他の知識

❶▶民法に関する基礎知識⋯⋯⋯⋯⋯⋯⋯⋯⋯⋯⋯⋯⋯⋯⋯⋯

■法律行為

　当事者がある効果の発生を欲してなした意思表示に対し、法律がそれを認め、その効果が確実に発生するように助力してくれる行為。

契　　約	相対する複数当事者の意思表示の合致により成立する法律行為	態様
単独行為	一人の人間の一方的意思表示で成立する法律行為	
合同行為	二人以上の人間の意思表示の合致により成立する法律行為	
要式行為	一定の形式が必要な法律行為	形式
不要式行為	一定の形式を必要としない法律行為	
債権行為	債権を発生させる法律行為	効果
物権行為	物権の発生・変更・消滅を生じさせる法律行為	

■意思表示

　一定の法律効果の発生を欲する意思をもってそれを外部に表示すること。

① 意思の不存在……心の中にある意思と外部に対する表示との間に食い違いがあること。

心裡留保（しんりりゅうほ）	表意者が自分の内心の意思と外部に表示されたものとが食い違うことを知っている場合
(通謀) 虚偽表示	相手方と通じて（しめし合せて）した虚偽（うそ）の意思表示
錯　　誤	表示行為に対する内心的効果意思が欠けること

② 瑕疵（かし）ある意思表示……詐欺・強迫による意思表示。

　※ 瑕疵……法律上何らかの欠点・欠陥があること。

■代理

　ある人（本人）が自分の代わりに代理人をたてて、その代理人が本人のため、本人の代わりにするのだということを明らかにして、相手方に

意思表示をし（**顕名**主義）、その効果が直接本人のものとなる制度。

■条件・期限

① 条件……法律行為の効力の発生または消滅を将来の成否不確定な事実にかからせること。条件には、法律行為の効力発生に関する**停止**条件と、法律行為の効力の消滅に関する**解除**条件がある。

② 期限……法律行為の効力の発生や消滅または法律行為から生じる債務の履行期を、将来到来することが確実な事実にかからせること。期限には、具体的に時期までも確定している確定期限と、将来到来することは確実だが、その具体的な時期は不確定な不確定期限がある。

■意思表示の効力発生時期

従来、意思表示の効力については、到達主義が原則で、例外として、隔地者間の契約では発信主義が採用されていたが、改正民法（令和２年４月１日施行の改正民法のこと。以下同じ）では**到達主義**に一本化した。

❷▶債権・契約 ･･

■債権

債権……ある人（債権者）が他のある人（債務者）に対して一定の行為を請求する権利。

① 債権の発生原因……契約、事務管理、不当利得、不法行為

② 債権の種類……特定物債権、種類債権、金銭債権、利息債権、選択債権

■契約

申込みと承諾という相対する複数の意思表示が合致したもの（合意）であり、それによって当事者間に権利（債権）・義務（債務）が発生するもの。

① 契約自由の原則
締結の自由、相手方選択の自由、内容決定の自由、方式の自由

② 契約の分類

典型契約	民法に規定のある典型的な**13**種類の契約のこと（有名契約）
非典型契約	典型契約以外の契約のこと（無名契約）
双務契約	契約の各当事者が互いに対価的意味を有する債務を負担する契約のこと
片務契約	当事者一方のみに債務が生じる契約のこと
有償契約	契約の各当事者が互いに対価的意味を有する出捐（財産上の損失のこと）をする契約のこと
無償契約	当事者の一方は対価的な経済的出捐をしない契約のこと
要物契約	当事者間の合意のほかに、契約の成立のために物の引渡しが必要となる契約のこと
諾成契約	当事者間の合意だけで成立する契約のこと
要式契約	契約の成立に一定の方式を要する契約のこと
不要式契約	要式契約に対して、方式を不要とする契約のこと

③ 主な典型契約

贈　　与	贈与者がある財産を無償で受贈者に与える意思を表示し、受贈者が受諾をすることによって効力を生ずる契約
売　　買	売主がある財産権を買主に移転することを約し、買主がこれに対してその**代金を支払うこと**を約することによって効力を生ずる契約
交　　換	当事者が互いに金銭の所有権以外の財産権を移転することを約することによって効力を生ずる契約
消費貸借	借主が種類・品質・数量の同じ物をもって返還をすることを約して貸主から金銭その他の物を受け取ることによって効力を生ずる契約⇒原則は要物契約であるが、改正民法では、**書面**（または電磁的記録）で消費貸借契約が締結された場合を諾成契約とした
使用貸借	貸主がある物を引き渡すことを約し、借主がその受け取った物について無償で使用・収益をして契約が終了したときに返還をすることを約することによって効力を生ずる契約⇒従来は要物契約であるが、改正民法では諾成契約とした

経営法務

賃貸借	賃貸人がある物の使用・収益を賃借人にさせることを約し、賃借人がこれに対してその賃料を支払うこと、および引渡しを受けた物を契約が終了したときに返還することを約することによって効力を生ずる契約
雇用	被用者が使用者に対して労働に従事することを約し、使用者がこれに対してその報酬を与えることを約することによって効力を生ずる契約
請負	請負人がある仕事を完成することを約し、注文者がその仕事の結果に対してその報酬を支払うことを約することによって効力を生ずる契約
委任	委任者が法律行為をすることを受任者に委託し、受任者がこれを承諾することによって効力を生ずる契約
寄託	寄託者がある物を保管することを受寄者に委託し、受寄者がこれを承諾することによって効力を生ずる契約⇒従来は要物契約であるが、改正民法では諾成契約とした

④ その他の契約
  ● ファイナンスリース契約
    リース会社がユーザーに対してサプライヤーから購入したリース対象物件を貸し与え、定期にリース料金を受け取るという契約。原則、リース中の解約は不可。
  ● フランチャイズ契約
    フランチャイザー（本部）が開発したノウハウ・システム・商標の使用権・営業権などをフランチャイジー（加盟店）に提供し、フランチャイジーはフランチャイザーに対して加盟料などを支払うという契約。

■保証
① 保証……主債務者が債務を履行しない場合に、保証人がその履行を担保する（代わって行う）こと。
② 連帯保証……特に保証人が主債務者と「連帯して」保証債務を負担すること。

③ 保証契約の成立……すべての保証契約は**書面**（または電磁的方法）でされない限り無効。

■債権者代位権と詐害行為取消権

① 債権者代位権……債権者が自己の債権を保全するため必要があるときは、債務者に属する権利を債務者に代わって行使することができる権利である。従来、債権者は、債権の期限の到来後であれば、裁判所に請求しなくても権利行使できたが、期限の到来前は、裁判所への請求が必要という規定であった。改正民法では、この規定を廃止した。つまり、債権者は、債権の期限の到来後であれば権利行使できるが、期限の到来前は権利行使できないという規定に変わった。

② 詐害行為取消権（債権者取消権）……債務者が債権者を害することを知ってした行為の取消しを、債権者が**裁判所**に請求することができる権利のことである（必ず**裁判所**への請求が必要となる）。改正民法では、出訴期間（訴えを提起することができる期間）という概念を用い、ⅰ）債務者が債権者を害することを知って行為をしたことを、債権者が知った時から**2年**を経過したとき、またはⅱ）行為の時から10年を経過したとき、のいずれかの場合には、詐害行為取消請求に係る訴えを提起できないものとした。

■債務不履行

契約その他の債務の発生原因および取引上の社会通念に照らして**債務者の責めに帰すべき事由**によって、債務者が債務の本旨に従った債務の履行をしないこと。

① 履行遅滞……履行期が到来し履行可能であるのに、債務者の故意・過失により債務を履行しない。

② 履行不能……債務者の故意・過失により履行が不能になる。

③ 不完全履行（契約不適合）……債務の履行はあったが、債務者の故意・過失によりその履行が不完全である。

経営法務

■不法行為

　故意または過失によって他人の権利または法律上保護される利益を侵害し、これによって損害を与える利益侵害行為のこと。

① **使用者責任**……ある事業のため他人（被用者）を使用する者（使用者）は、その被用者が事業の執行について（仕事をするうえで）第三者に与えた損害を賠償する責任を負う。

② **共同不法行為**……数人が共同不法行為によって他人に損害を与えた場合、各自連帯して賠償責任を負う。

■債務不履行と不法行為の比較

	債務不履行	不法行為
債権者と債務者の関係	契約関係	特になし（契約関係を前提としない）
主観的要件	債務者の責めに帰すべき事由（帰責事由：債務者の故意・過失）	故意または過失
客観的要件	契約の本旨に従った履行がないこと	権利を侵害（違法性）
一般の損害賠償請求権（改正民法）※	①権利を行使することができることを知った時から**5年**②権利を行使することができる時から10年	①損害および加害者を知った時から**3年**②不法行為の時から20年
人の生命または身体の侵害による損害賠償請求権（改正民法）※	①権利を行使することができることを知った時から5年②権利を行使することができる時から20年	①損害および加害者を知った時から5年②不法行為の時から20年
立証責任	債務者	被害者

※　いずれも、①②のいずれか早いほうの時の経過をもって消滅時効が完成する。

■不当利得

法律上の原因なく他人の財産または労務によって利益を受け、そのために他人に損失を及ぼした者（受益者）に対して、その利得を返還する義務を負わせる制度のこと。不当利得返還請求は**無過失**責任の制度であり、消滅時効は債務不履行と同じ規定が適用される。

❸ ▶ 物権

■物権

① 物権……一定の物を「**直接的**」（権利の内容を実現するのに他人の行為を必要としない）そして「**排他的**」（1つの物の上に同じ内容の物権は存在しえない）に支配できる権利

② 物権の客体……有体物（固体・液体・気体）

③ 物の種類
- 特定物と不特定物
- 動産（不動産以外）と不動産（土地およびその定着物）

④ 物権の効力
- 物権対物権……先に対抗要件（自分の物だと主張できること）を具備した方が優先
- 物権対債権……**物権**が優先

⑤ 物権の変動
- 物権変動……物権の発生・変更・消滅
- 発生時期……当事者の**意思表示**のみによってその効力を生じる（意思主義）
- 第三者への主張……不動産は**登記**、動産は**引渡し**（対抗要件主義）
- 消滅原因……目的物の消失・消滅時効・物権放棄・公用徴収・混同（同一物について所有権と所有権以外の物権が同じ人に帰属すること）

経営法務

■**物権の種類**

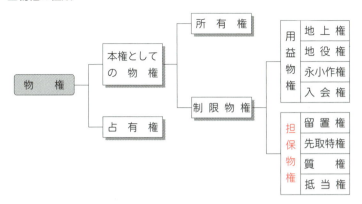

① 所有権……法令の制限内において、自由にその所有物の使用・収益・処分をすることができる権利のこと。
② 占有権
  ● 占　有……自己のためにする意思をもって物を所持すること。
  ● 占有権……所有権などの有無にかかわらず、占有（事実上の支配）をしている者に対して一定の権利を認めるもの。
③ 担保物権

典型担保物権	法定担保物権	留置権	他人の物の占有者（留置権者）が、その物に関して生じた債権を有するときは、その債権の弁済を受けるまで、その物を留置することができる権利
		先取特権	一定の債権を有する者（先取特権者）が、その債務者の財産について、他の債権者に先立って自己の債権の弁済を受ける権利

9

典型担保物権	約定担保物権	質権	債権者（質権者）が、その債権の担保として債務者または第三者から受け取った物を**占有**し、かつ、その物について他の債権者に先立って自己の債権の弁済を受ける権利
		抵当権	債権者（抵当権者）が、債務者または第三者が占有を移転しないで債務の担保に供した**不動産**（原則）について、他の債権者に先立って自己の債権の弁済を受ける権利
非典型担保物権	（約定担保物権）	譲渡担保	設定者（債務者）が所有物を利用したまま、その所有物の所有権を債権者に移転し、債務を弁済した場合に所有権が設定者に戻る制度

❹▶相続

　相続とは、人（自然人）の死亡によって、その財産上の権利義務を他の者が包括的に承継することをいう。相続される人（死亡した人）を**被相続人**、親族など相続する人を**相続人**という。

■相続人の範囲、法定相続分

　相続人（法定相続人）の範囲および法定相続分は下表のとおりである。なお、相続人の範囲については、第二順位の者は第一順位の者がいないとき、第三順位の者は第一・第二順位の者がいないときに相続人となる。

経営法務

<相続人の範囲>

配偶者[※1]	常に相続人となる。
第一順位[※2]	被相続人の直系卑属（子。子が相続できない場合は孫、ひ孫など（代襲相続という））
第二順位	被相続人に直系卑属がいない場合は、被相続人の直系尊属で、親等の近い者（親、親が相続できない場合は祖父母など）
第三順位	被相続人に直系卑属も直系尊属もいない場合は兄弟姉妹（兄弟姉妹が相続できない場合、代襲するのはその子〔甥、姪〕までに限る（甥・姪の子には代襲されない））

※1　戸籍上の配偶者であることが必要（原則として、内縁関係の者は含まれない）。

※2　胎児は生まれたものとみなされる。

<法定相続分（法律に基づく相続分）>

配偶者と直系卑属が相続人	・配偶者が2分の1、直系卑属が2分の1 ・配偶者が相続できない場合は直系卑属が全部相続
配偶者と直系尊属が相続人	・配偶者が3分の2、直系尊属が3分の1 ・配偶者が相続できない場合は直系尊属が全部相続
配偶者と兄弟姉妹が相続人	・配偶者が4分の3、兄弟姉妹が4分の1 ・配偶者が相続できない場合は兄弟姉妹が全部相続

※　直系卑属、直系尊属、兄弟姉妹がそれぞれ2人以上いるときは、原則として按分になる。また、実子と養子、嫡出子と非嫡出子で法定相続分の差はない。なお、半血兄弟姉妹は全血兄弟姉妹の半分（2分の1）となる。

■限定承認、放棄

　限定承認とは、相続を受けた資産等（積極財産、プラスの財産）の範囲内で債務等（消極財産、マイナスの財産）を相続するという方法である（ただし、相続人が複数いる場合には、限定承認は全員が共同でしなければならない）。放棄とは、資産も債務も一切相続しないという方法

である。

　相続人は、限定承認または放棄をする場合、原則として、自己のために相続の開始があったことを知った時から**3か月**以内に、**家庭裁判所**に申述しなければならない。

■遺留分

　遺言によって、被相続人は相続財産を自由に（法定相続分と異なる）処分することができる。しかし、民法では、遺族の生活の安定や相続人間の平等を確保するために、相続人に対して最低限の相続の権利を保障している。これを遺留分という。

① 遺留分の権利をもつ者
　　被相続人の**兄弟姉妹**以外の法定相続人、具体的には、配偶者、直系卑属、直系尊属が該当する。

② 遺留分
　　直系尊属のみが相続人の場合は被相続人の財産の3分の1、それ以外の場合には被相続人の財産の**2分の1**が、遺留分権利者全体の遺留分となる。

■経営承継円滑化法

① 遺留分に関する民法の特例
　　非上場中小企業の後継者は、遺留分権利者全員との合意および所要の手続（経済産業大臣の**確認**、家庭裁判所の**許可**）を経ることを前提に、以下の民法の特例の適用を受けることができる（併用可能）。

●**除外**合意
　　後継者が先代経営者からの贈与等により取得した株式等について、遺留分を算定するための財産の価額に算入しないことができる。

●**固定**合意
　　後継者が先代経営者からの贈与等により取得した株式等について、遺留分を算定するための財産の価額に算入すべき価額を**合意**の時における価額とすることができる。

経営法務

② 法改正

　令和元年7月16日に、**個人事業**の承継の場合に、贈与等をされた事業用資産（土地、建物等）の全額について、除外合意の対象とする改正が行われた（注：固定合意は対象外）。

第2章　会社法等に関する知識

❶▶事業の開始等に関する基礎知識·······························

■個人企業

　すぐに開業できる一方で、事業に失敗した場合には、借金などすべての責任は事業主が負う（**無限**責任）。また、納める税金は所得税となり累進課税が適用され、所得が多いほど税率面で不利になる。

■法人企業

　法人とは、自然人以外で権利能力（法人格）を認められた存在のことである。法人企業は設立に手間がかかるが、法人税の適用を受けるため一定の収入以上になれば税率面で、また信用力・資金調達・従業員採用においても個人事業より有利である。

■商号

　商人・会社が事業を行うための名称。文字記載と発音が可能であることが必要（ローマ字や数字、一定の符号も可）。

① 商号の数……1営業について1個が原則（商号単一の原則）。

② 商号貸し（名板貸し）……自己の商号や氏名を他者が使用することを許した者は、その他者を信頼して取引をした相手方について、連帯して債務を弁済する責任を負う。

③ 不正目的による商号使用の廃止……**同一住所・同一名称**の商号のみ登記が禁止される。ただし、不正目的による類似商号の使用は規制される。

❷▶会社に関する基礎知識··
■出資者責任

無限責任	会社債権者に対して、個人財産まで含めて負債総額の全額の責任を負うこと
有限責任	会社債権者に対して、出資額を限度とする責任を負うこと
直接責任	会社債務について、社員が直接弁済義務を負うこと
間接責任	会社債務について、社員が会社に出資する形で間接的に支払うこと

※ 直接無限責任、直接有限責任、間接有限責任が組み合わせとして存在

※ 株式会社の社員（＝株主）の責任形態は間接有限責任

❸▶株式会社··
■株主総会（絶対的必要機関）
① 株主総会の意思決定事項

取締役会 不設置会社	会社法に規定する事項および株式会社の組織・運営・管理その他株式会社に関する一切の事項について決議可
取締役会 設置会社	会社法に規定する事項および定款で定めた事項に限り決議可

② 株主総会の種類
- 定時株主総会……毎事業年度終了後一定の時期に招集が義務づけられる総会
- 臨時株主総会……必要があればいつでも招集することができる総会
- 種類株主総会……種類株主による株主総会

③ 株主総会の招集……原則として、取締役が行う（一定の要件を満たした株主も招集請求可）。招集地に制限はない。

経営法務

④　株主総会の決議（原則）

	定足数	必要得票数	主な決議事項
普通決議	議決権を行使できる株主の議決権の**過半数**を有する株主の出席	出席株主の議決権の**過半数**	・計算書類の承認 ・取締役（原則）・会計参与・会計監査人の選任・解任 ・監査役の選任 ・役員の報酬 ・剰余金の配当など
特別決議		出席株主の議決権の**3分の2**以上	・監査役の解任 ・減資（資本金額の減少） ・定款の変更 ・組織再編等 ・解散など
特殊決議		議決権を行使できる株主の半数以上であって当該株主の議決権の3分の2以上	・株式の譲渡制限の定めをする場合における定款の変更など
		総株主の半数以上であって総株主の議決権の4分の3以上	・株式譲渡制限会社において株主ごとに異なる取扱いを定める場合の定款変更

⑤　株主の権利
- 自益権……剰余金配当請求権、残余財産分配請求権など
- 共益権……議決権、代表訴訟請求権など

■取締役（絶対的必要機関）

①設置	絶対的必要機関。原則１人以上の取締役が必要。株式会社との関係は**委任**関係
②選任および解任	株主総会（**普通決議**）による
③欠格事由	法人、成年被後見人、被保佐人、一定の刑に処せられた者など
④任期	原則**2年**。定款または株主総会（普通決議）により任期短縮可能。任期伸長は株式会社の形態により異なる
⑤報酬等	定款または株主総会（普通決議）により決定
⑥取締役の義務	・善管注意義務　・忠実義務　・競業避止義務　・利益相反取引規制・会社に対する損害賠償責任（原則として過失責任）

※　**3人**以上の取締役による取締役会を設置した場合、「取締役会設置会社」となる。

■監査役

取締役や会計参与の職務執行の監査（業務監査）、計算書類の監査（会計監査）を行う機関

①設置	任意（監査役設置会社）。株式会社との関係は**委任**関係
②選任および解任	選任…株主総会（**普通決議**）による 解任…株主総会（**特別決議**）による
③欠格事由	取締役と同様
④任期	原則**4年**。任期短縮は不可 任期伸長は株式会社の形態により異なる
⑤報酬等	定款または株主総会（普通決議）により決定

※　3人以上の監査役（うち半数以上は社外監査役）により監査役会を設置した場合、「監査役会設置会社」となる。

■会計監査限定監査役

株式譲渡制限会社（**監査役会設置会社**および**会計監査人設置会社**を除く）は、定款に定めることによって監査役の監査の範囲を会計監査に限

経営法務

定することができる。

■会計監査人

主として大規模な株式会社において計算書類の監査などを行う機関

①設置	任意（会計監査人設置会社）。株式会社の役員ではない
②選任および解任	株主総会（**普通決議**）による
③会計監査人の資格	**公認会計士**または**監査法人**に限定
④任期	**1年**。任期の短縮・伸長は不可
⑤報酬等	取締役の決定＋監査役（監査役会または監査委員会）の同意により決定

■会計参与

中小規模の株式会社が財務の健全性を確保できるように、取締役などと共同して計算書類の作成などを行う機関

①設置	任意（会計参与設置会社）。株式会社の役員。株式会社との関係は委任関係
②選任および解任	株主総会（**普通決議**）による
③会計参与の資格	**公認会計士・監査法人**または**税理士・税理士法人**に限定
④任期	原則**2年**。定款または株主総会（普通決議）により任期短縮可能。任期伸長は株式会社の形態により異なる
⑤報酬等	定款または株主総会（普通決議）により決定

■株式譲渡制限会社と公開会社（委員会設置会社系を除く）

株式譲渡制限会社	①定款に、発行する**全部**の株式について譲渡制限を定めている株式会社 ②**株主総会・取締役**を除いた全ての機関の設置は原則任意 ③定款により役員（取締役・監査役・会計参与）の任期を最長**10年**まで伸長可能 ④定款により、剰余金配当、残余財産の分配、株主総会の議決権について株主ごとの異なる取扱い可能
公 開 会 社	①株式譲渡制限会社以外の株式会社 ②**取締役会**の設置は必須 ③役員任期の伸長は不可

■取締役会設置会社
【取締役会設置会社の特徴（委員会設置会社系を除く）】

取締役会の設置	①公開会社……設置が義務づけられている ②株式譲渡制限会社……設置は任意
取締役会の構成	**3人**以上の取締役が必要
取締役会の権限	①取締役会設置会社の業務執行の決定 ②取締役の職務の執行の監督 ③代表取締役の選定および解職
代表取締役	取締役会による取締役からの選定義務　※取締役会設置会社でない場合、選定は任意（選定されていない場合、各取締役が代表取締役となる)
取締役会の運営	①招集権……原則、各取締役 ②招集手続……取締役会の**1週間**前までに各取締役に対して開催通知 ③取締役会の決議……定足数：取締役の**過半数**、必要得票数：出席取締役の**過半数**
議事録等	取締役会の議事録等は、当該取締役会の日から**10年間**、本店に備え置き義務

経営法務

■大会社
【大会社の要件】資本金**5億円**以上または負債総額**200億円**以上の株式会社

■委員会設置会社系
① 指名委員会等設置会社
【三委員会】取締役会で選定された**3人**以上の取締役（うち**過半数**は社外取締役）により組織

指名委員会	株主総会に提出する取締役・会計参与の選任・解任議案の内容の決定
監査委員会	①取締役・執行役・会計参与の職務執行の監査、監査報告の作成 ②株主総会に提出する会計監査人の選任・解任・不再任に関する議案の内容の決定 ③計算書類等の監査
報酬委員会	取締役・執行役・会計参与の個人別の報酬などの内容の決定

【指名委員会等設置会社の機関】

取締役	任期は原則**1年**。 定款または株主総会（普通決議）により短縮可能。伸長は不可
取締役会	設置必須（代表取締役の選定不可）
執行役	①1人（以上）の執行役の設置必須 ②任期は原則**1年**。定款により短縮可能。伸長は不可
代表執行役	執行役のうち代表執行役の選定必須（取締役会による）
監査役（会）	設置**不可**
会計監査人	設置**必須**
会計参与	設置**任意**

② 監査等委員会設置会社

指名委員会等設置会社の三委員会のうち、監査委員会だけを設置したイメージである（ただし、「監査等委員会」という）。

〔指名委員会等設置会社と監査等委員会設置会社の比較〕

		指名委員会等設置会社	監査等委員会設置会社	
株主総会		必須	必須	
取締役		必須	必須	
	任期※	1年（短縮可）	監査等委員以外	1年（短縮可）
			監査等委員	2年（短縮不可）
	選任	株主総会（普通決議）	株主総会（普通決議）	
	解任	株主総会（普通決議）	監査等委員以外	株主総会（普通決議）
			監査等委員	株主総会（特別決議）
取締役会		必須	必須	
代表取締役		不可	必須	
監査役・監査役会		不可	不可	
会計監査人		必須	必須	
会計参与		任意	任意	
執行役・代表執行役		必須	不可	

※　ともに伸長は不可。

経営法務

■その他の株式会社

監査役設置会社	①監査役の設置……原則任意 ②監査役の設置義務……取締役会設置会社（例外あり）、会計監査人設置会社（委員会設置会社系を除く） ③監査役の設置禁止……委員会設置会社系
監査役会設置会社※	①監査役会の設置……原則任意 ②監査役会の設置義務……大会社かつ公開会社（委員会設置会社系を除く） ③監査役会の設置禁止……委員会設置会社系 ④監査役会の構成……**3人**以上の監査役で構成（うち半数以上は社外監査役）
会計監査人設置会社	①会計監査人の設置……原則任意 ②会計監査人の設置義務……委員会設置会社系、**大会社**
会計参与設置会社	①会計参与の設置……原則任意

※ 取締役会の設置が必要。

■機関設計

- 公開会社、監査役会設置会社、委員会設置会社系（指名委員会等設置会社および監査等委員会設置会社）は必ず**取締役会**を設置しなければならない。
- 大会社、委員会設置会社系（指名委員会等設置会社および監査等委員会設置会社）は必ず**会計監査人**を設置しなければならない。

■株式会社の設立

① 株式会社の設立手続

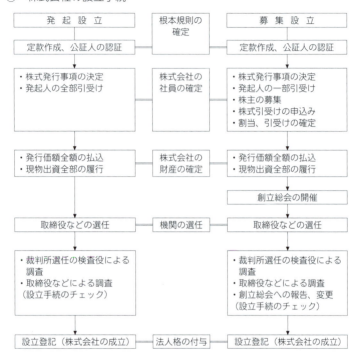

【発起設立】設立に際して発行する株式の全部を発起人が引き受けて設立

【募集設立】発起人が株式の一部を引き受け、残りの株式については新たに株主を募集して設立、払込金保管証明必要

② 定款……会社の根本規則、定款の変更には原則として株主総会の特別決議が必要

経営法務

■検査役の調査

変態設立事項がある場合、原則として、当該事項について検査役の調査を受けなければならないが、現物出資および財産引受に係る財産（「現物出資財産等」という）について以下のいずれかの場合には検査役の調査は不要となる。

① 現物出資財産等について定款に記載・記録された価額の総額が**500万円**を超えない場合

② 現物出資財産等のうち、市場価格のある有価証券について定款に記載・記録された価額が当該有価証券の市場価格として法務省令で定める方法により算定されるものを超えない場合

③ 現物出資財産等について定款に記載・記録された価額が相当であることについて弁護士・弁護士法人、公認会計士・監査法人、税理士・税理士法人の証明（現物出資財産等が不動産である場合にあっては、当該証明に加えて**不動産鑑定士の鑑定評価**）を受けた場合

■株式

① 株券不発行の原則（定款に定めれば発行可能）

② 募集株式の発行

	株式譲渡制限会社		公開会社
	取締役会不設置会社	取締役会設置会社	
通常の募集株式	株主総会特別決議	株主総会特別決議	取締役会決議
第三者に対する有利発行	（取締役に委任可）	（取締役会に委任可）	株主総会特別決議

③ 種類株式（種類株式発行会社）

ある事項について異なる内容を定めた異なる2以上の株式。内容および発行可能種類株式総数を定款に定めることにより発行可能。

剰余金の配当	【優先株】有利な内容を定める株式	【普通株】有利でも不利でもない基準となる内容の株式
残余財産の分配	【劣後株】不利な内容を定める株式	
議決権制限株式	株主総会において議決権を行使できる事項に制限のある株式 【無議決権株式】議決権の全部について制限された株式	
譲渡制限株式	株式の譲渡（取得）について当該株式会社の承認を要する株式	
取得請求権付株式	株主が当該株式会社に対してその取得を請求することができる株式	
取得条項付株式	株式会社が一定の事由が生じたことを条件として取得することができる株式	
全部取得条項付種類株式	株式会社が株主総会の決議によって当該発行済種類株式の全部を取得することのできる株式	
拒否権付種類株式	【黄金株】株主総会・取締役会決議事項について、当該種類株主総会の決議も承認要件に加えた株式	
役員選任権付種類株式	取締役・監査役について、当該種類株主総会において選任する権限を与えた株式	

④ 自己株式

　有償取得の場合は原則として株主総会普通決議（特定の株主からの有償取得の場合は特別決議）が必要。

⑤ 株式併合

　数個の株式を合わせてその数よりも少ない株式に変更し、発行済株式総数を減少させること。株主総会の**特別決議**が必要。

⑥ 株式分割

　発行済株式を細分化して従来より株式の数を増やすこと。取締役会設置会社では取締役会の決議、取締役会不設置会社では株主総会（普通決議）が必要。

経営法務

■新株予約権

株式会社に対して行使することにより当該株式の交付を受けることができる権利（ストックオプションなど）。

【新株予約権発行手続】

	株式譲渡制限会社		公開会社
	取締役会不設置会社	取締役会設置会社	
通常の新株予約権	株主総会特別決議	株主総会特別決議	取締役会決議
第三者に対する有利発行	（取締役に委任可）	（取締役会に委任可）	株主総会特別決議

■社債

① 会社の公衆に対する借金。償還期限には社債を償還し利息も支払う。

② 取締役会設置会社では取締役会決議が必要。

③ 新株予約権付社債……新株予約権を付した社債。発行手続は新株予約権と同じ。

④ 原則として、社債管理者の設置が必要。

以下のいずれかの場合には社債管理者を設置しなくてもよい。

- 各社債の金額が1億円以上である場合。
- 社債の総額を各社債の金額の最低額で除して得た数が50（口）を下回る場合

⑤ 令和3年3月1日施行の改正会社法により、社債権者自らが社債を管理することができる場合、すなわち、社債管理者の設置が義務づけられない場合（当該社債が担保付社債の場合を除く）、社債管理補助者に社債の管理の補助を委託することができる制度が創設された。

25

■計算

① 資本金および準備金の額の減少

資本金の額の減少	原則：株主総会特別決議
	例外：定時株主総会の決議であり、かつ減資を行った後に分配可能額が生じない場合（いわゆる欠損てん補の場合）＝**株主総会普通決議**
準備金の額の減少	原則：株主総会**普通決議**

※ いずれの場合にも、原則として債権者保護手続が必要。ただし、定時株主総会の決議であり、かつ**準備金**の額の減少を行った後に分配可能額が生じない場合（いわゆる欠損てん補の場合）、債権者保護手続は不要。

② 剰余金の配当

原　則	株主総会**普通決議**※（回数に制限はない）	
例　外	株主総会特別決議	現物配当をする場合において、株主に金銭分配請求権を与えない場合
	取締役会決議（取締役会設置会社）	1事業年度中1回に限る（定款の定めが必要）（中間配当）

※ ⅰ）委員会設置会社系、またはⅱ）**会計監査人設置会社**かつ監査役会設置会社で取締役の任期を1年（以内）と定めた株式会社では、当該剰余金の配当を取締役会決議とする旨を定款に定めることができる。

　なお、**純資産額が**300万円を下回る場合には配当をすることができない。

経営法務

③ 計算書類等

名　称		保存義務
計算書類	貸借対照表	あり
	損益計算書	
	株主資本等変動計算書	
	個別注記表	
事業報告		なし
附属明細書		あり

❹ ▶ 持分会社 ···

■持分会社

合名会社、合資会社または**合同会社**の総称

※ 持分：株式会社における「株式」にあたるもので、出資者の地位を表すもの

① 持分会社の設立……定款の作成は必要。公証人の認証は**不要。**

② 社員（出資者）および出資……出資者責任、出資形態は各持分会社により異なる。社員は法人でも可。

③ 社員の持分の譲渡……［原則］他の社員全員の承諾が必要。

　　　　　　　　　　　　［例外］非業務執行有限責任社員の場合は**業務執行社員全員**の承諾が必要。

④ 持分会社の機関……定款自治により自由に機関設計が可能。

■合名会社

直接無限責任社員のみからなる会社

■合資会社

直接無限責任社員以外に**直接**有限責任社員が存在する会社

■合同会社（日本版LLC）

有限責任社員のみからなる（無限責任社員が存在しない）持分会社

❺ ▶ 組織再編等 ‥‥‥‥‥‥‥‥‥‥‥‥‥‥‥‥‥‥‥‥‥‥

■事業譲渡

一定の営業目的のために組織化された機能的財産を一体として移転し、譲受人が営業者たる地位を承継し、譲渡人が、法律上、競業避止義務を負うこと。

【事業譲渡に関する主な規定】

① 譲渡会社は、原則として、同一市町村および隣接市町村において**20年間**の競業禁止義務を負う。

② 株主総会特別決議が必要な事業譲渡

	譲渡会社	譲受会社
全部譲渡	必要	必要
重要な一部の譲渡	必要	不要
重要でない一部の譲渡	不要	不要

なお、「重要な一部の譲渡」とは、譲渡資産が譲渡会社の**総**資産額の5分の1（原則）を超える価額のものをいう。

③ 事業譲渡に反対する株主は、原則として**株式買取請求権**を有する。

④ 債権者保護手続は**不要**。

⑤ 親会社による子会社株式等の譲渡

譲渡会社が、その子会社の株式（または持分）の全部または一部の譲渡をする場合において、①当該譲渡の対象となる株式（または持分）の帳簿価額が、当該譲渡会社の**総**資産額の5分の1（定款で引下げ可）を超える場合で、かつ、②当該譲渡会社が、効力発生日において当該子会社の議決権の総数の過半数の議決権を有しなくなるとき（＝子会社の支配権を失う場合）には、株主総会の**特別決議**が必要となる。

■合併

2以上の会社が契約により1つの会社に合同する組織上の行為

① 吸収合併……会社が他の会社とする合併。合併により**消滅**する会社の権利義務の全部を合併後存続する会社に承継させる。

② 新設合併……2以上の会社がする合併。合併により**消滅**する会社の

権利義務の全部を合併により設立する会社に承継させる。

【合併に関する主な規定】

① 合併の当事会社は、合併契約について原則として株主総会特別決議による承認を受けなければならない。

② 合併に反対する株主は、原則として**株式買取請求権**を有する。

③ 債権者の利害に重大な影響を及ぼすおそれがあるため、債権者保護手続が必要。

■株式交換

ある株式会社（株式交換完全子会社）の株主が保有する全ての株式を、他の株式会社または合同会社（株式交換完全親会社）の株式または持分と交換する方法で、会社の買収を現金の代わりに株式を利用して行うことが可能となる。

■株式移転

ある株式会社（株式移転完全子会社）の株主が保有する全ての株式を、新たに設立する株式会社（株式移転設立完全親会社）の株式と交換する方法。

【株式交換・株式移転に関する主な規定】

① 株式交換・株式移転は、株式交換契約・株式移転計画について、原則として株主総会特別決議による承認が必要。

② 株式交換・株式移転に反対する株主は、原則として株式買取請求権を有する。

③ 債権者保護手続は原則として**不要**。

■会社分割

会社が事業の一部または全部を他の会社（新設会社・既存会社）に承継させ、その事業を自社から分割し外部に出すこと。

① 吸収分割……株式会社または合同会社がその事業に関して有する権利義務の全部または一部を分割後、他の会社に承継させること。

② 新設分割……1または2以上の株式会社または合同会社がその事業に関して有する権利義務の全部または一部を、分割により設立する会

社に承継させること。

③ 労働契約承継法……労働者保護の観点から労働契約の承継について定めた法律。

【会社分割に関する主な規定】

① 吸収分割契約・新設分割計画について、原則として株主総会特別決議による承認が必要。

② 会社分割に反対する株主は、原則として株式買取請求権を有する。

③ 債権者の利害に重大な影響を及ぼすおそれがあるため、原則として債権者保護手続が必要。

■労働契約の承継

制　度	内　　　　容		
事業譲渡	なし（承継させるためには労働者本人の個別の同意が必要		
合　併	当然に承継		
株式交換・株式移転	なし（株主が替わるだけで労働契約の承継を伴うものではない）		
会社分割	労働契約承継法の定めによる		
	承継される事業に主として従事する者	分割契約（計画）に承継の定めあり	当然に承継
		分割契約（計画）に承継の定めなし	原則残留、異議を申し出れば承継
	承継される事業に主として従事する者以外	分割契約（計画）に承継の定めあり	原則承継、異議を申し出れば残留
		分割契約（計画）に承継の定めなし	当然に残留

■簡易組織再編

　存続会社などが当該組織再編の対価として交付する株式などの財産価額が当該存続会社などの純資産額の5分の1以下などの要件を満たした場合、原則として承認株主総会を不要とする制度。

経営法務

制　　　度		対象会社（株主総会が不要となる会社）
事業譲渡（全部譲渡[※1]）		譲受会社
合　　併	吸収合併	存続会社
株式交換		完全親会社
会社分割	吸収分割	承継会社
	新設・吸収共通	分割会社[※2]

※１　一部譲渡（譲受）の場合、そもそも譲受会社の株主総会決議は不要。

※２　分割会社では、純資産ではなく総資産額の5分の1以下（原則）等の場合に承認株主総会が不要となる。前述の、事業の「重要」な一部の譲渡と同じ要件である。

■略式組織再編

支配関係にある会社間での組織再編について、被支配会社での承認株主総会を不要とする制度。

※　支配関係のある会社間…被支配会社の総株主の議決権の10分の9以上を他の会社などが有している会社間のこと。

制　　　度		対象会社 （被支配会社の場合に株主総会が不要となる会社）
事業譲渡	事業の全部譲渡	譲渡会社
	事業の重要な一部の譲渡	
	事業の全部譲受け	譲受会社
合　　併	吸収合併	存続会社
		消滅会社
株式交換		完全親会社
		完全子会社
会社分割	吸収分割	承継会社
		分割会社

31

■組織再編等のまとめ（原則）

	事業譲渡 事業譲受	合併 吸収	合併 新設	株式交換 (吸収型)	株式移転 (新設型)	会社分割 吸収	会社分割 新設
事前・事後の書類（書面）備置	不要	必要	必要	必要	必要	必要	必要
株主総会特別決議の要否	必要[※1]	必要	必要	必要	必要	必要	必要
株式買取請求権[※2]	あり	あり	あり	あり	あり	あり	あり
新株予約権買取請求権[※3]	なし[※4]	消滅会社	消滅会社	完全子会社	完全子会社	分割会社	分割会社
債権者保護手続	なし[※4]	あり	あり	なし[※5]	なし[※5]	あり[※6]	あり[※6]
労働契約の承継	なし[※4]	当然承継	当然承継	なし	なし	労働契約承継法の定め	労働契約承継法の定め
効力発生の時期	事業譲渡契約で定めた日	吸収合併契約で定めた日	(新設)会社成立の日	株式交換契約で定めた日	(新設)親会社成立の日	吸収分割契約で定めた日	(新設)会社成立の日
簡易組織再編	譲受会社	存続会社	なし	完全親会社	なし	承継会社	分割会社
略式組織再編	譲渡会社 譲受会社	存続会社 消滅会社	なし	完全親会社 完全子会社	なし	承継会社 分割会社	なし

※1　「事業の全部または重要な一部の譲渡」「他の会社の事業の全部の譲受け」の場合に必要。

※2　事業の重要でない一部の譲渡（＝株主総会決議不要）における譲渡会社や簡易組織再編における対象会社（＝株主総会決議不要）等の株主には認められない。

経営法務

※3 行使条件の変更等、新株予約権者に不利益が生じる場合に必要。

※4 事業譲渡において、債権・債務（新株予約権を含む）や労働契約を譲受会社に移転（承継）させるためには、それぞれ債権者・労働者の個別の同意が必要。

※5 完全子会社の株主に対して完全親会社の株式以外の財産を交付する一定の場合や新株予約権付社債が承継された場合に必要になることがある。

※6 分割会社は、分割後も分割会社に対して債権を有する債権者（**残存債権者**）について債権者保護手続は**不要**。

■対価の柔軟化

柔軟化が認められる類型	吸収型（吸収合併、株式交換、吸収分割。事業譲渡もこのグループ）の組織再編行為※1
対価の内容	株式または持分に代わる金銭等※2

※1 新設型で認められていないのは、新設型において株式を全く用いないとすれば株主が存在しなくなるからである（株主が存在しない株式会社を会社法は想定しない）。

※2 財産的な価値があるものであれば制限はない。具体的には、金銭、社債、新株予約権、新株予約権付社債、現物、親会社・子会社・関連会社株式などが考えられる。

■株式交付

株式交付とは、株式会社が他の株式会社（いずれも、会社法上の株式会社に限り、外国会社を含まない）をその子会社とするために当該他の株式会社の株式を譲り受け、当該株式の譲渡人に対して当該株式の対価として当該株式会社の株式を交付することをいう。

自社の株式を対価として他の会社を子会社とする手段として株式交換の制度があるが、株式交換は完全子会社とする場合でなければ利用することができない。そこで、完全子会社とすることを予定していない場合であっても、株式会社が他の株式会社を子会社とするために、自社の株式を他の株式会社の株主に交付することができる制度として、令和3年

3月1日施行の改正会社法により、株式交付（制度）が創設された。

株式交付親会社は、原則として、株式交付計画について株主総会（**特別決議**）の承認を受けなければならない（債権者保護手続は、原則として不要）。なお、株式交付は、株式交付親会社と株式交付子会社との契約ではなく、株式交付親会社と譲渡人（株式交付子会社の株主）との間の合意に基づくものであるため、株式交付子会社は手続不要である。

❻▶会社法等に関するその他の知識

■民法組合

組合契約に基づくものであり、各当事者が出資をして共同で事業を営むことを約する契約。

【特徴】
① 法人格はない。
② 組合員は**無限責任**を負う。

■有限責任事業組合（LLP）

個人または法人が出資して、それぞれの出資の価額を責任の限度として共同で営利を目的とする事業を営むことを約し、各当事者がそれぞれの出資に係る払込みまたは給付の全部を履行することによって、その効力を生ずる契約。

【特徴】
① 法人格はない。
② 有限責任制……出資者が出資額までしか責任を負わない。
③ 内部自治原則……利益や権限の配分が出資金額の比率に拘束されず、経営者に対する監視機関（取締役会、監査役等）の設置が強制されない。
④ 構成員課税……有限責任事業組合自体には課税されず、構成員たる出資者に直接課税される（**パススルー課税**）。

経営法務

第3章 資本市場に関する知識

❶▶証券市場の種類··

■金融商品取引所

　現在、東京証券取引所には市場第一部、市場第二部、マザーズ、JASDAQという４つの市場区分がある（ほかに、プロ投資家向けの市場であるTOKYO PRO Marketがあるが、ここでは割愛する）。

　そして、2022年４月１日に、現在の市場は「プライム市場」「スタンダード市場」「グロース市場」（注：いずれも仮称）の３つの市場区分に再編されることが決定している。

❷▶金融商品取引法に関する基礎知識······························

■企業内容等の開示書類のまとめ

<table>
<tr><th colspan="2">書類名</th><th>主たる提出義務者</th><th>提出期限</th><th>縦覧期間</th></tr>
<tr><td rowspan="2">発行開示</td><td>有価証券届出書</td><td rowspan="2">有価証券の募集または売出しを行う発行者</td><td>なし（提出しなければ勧誘や締結ができない）</td><td>5年間（原則）</td></tr>
<tr><td>目論見書</td><td>あらかじめ（または売付けと同時）</td><td>なし（投資者に直接交付）</td></tr>
<tr><td rowspan="4">継続開示</td><td>有価証券報告書※</td><td>上場会社</td><td>事業年度経過後3月以内</td><td>5年間</td></tr>
<tr><td>四半期報告書※</td><td>上場会社</td><td>四半期経過後45日以内</td><td>3年間</td></tr>
<tr><td>臨時報告書</td><td>有価証券報告書提出会社</td><td>遅滞なく</td><td>1年間</td></tr>
<tr><td>内部統制報告書</td><td>上場会社</td><td>有価証券報告書と併せて</td><td>5年間</td></tr>
</table>

※　確認書制度の適用あり。

第4章 倒産等に関する知識

❶▶倒産の概要

■私的整理

法的な手続きによらず、債務者と債権者同士の話し合いで企業の債務を整理する手続で、清算型もあれば再建型もある。

■清算型の手続

① 破産……債務者が経済的に破綻し債務が返済できなくなった場合に、その財産や相続財産を清算する手続。

【破産原因】

支払不能	債務者が、支払能力を欠いているため、弁済期にある債務を弁済できない状態にあること。債務超過と異なり、債務者の信用、労力も総合して判断
支払停止	債務者が、債務の弁済を行うことができない状態に陥ったことを自ら表示する行為
債務超過	債務者（**合名・合資会社を除く法人**の場合）が、その債務について、その財産をもって完済することができない状態

② 特別清算……清算中の**株式会社**に清算を進めていくのに著しい支障を来すような事情があるか、債務超過の疑いがあるときに行われる手続。

■再建型の手続

① 民事再生……経済的に窮地にある債務者の事業または経済的生活の再生を図ること。債務者は法人・個人を問わず、再生手続の開始後も原則として債務者自らが会社再建を行うことができる。

【民事再生手続】

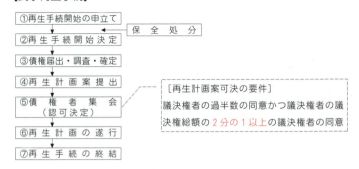

② 会社更生……事業の継続に著しい支障を来すことなく弁済期にある債務を弁済できない**株式会社**や、破産手続開始の原因たる事実の生ずるおそれのある**株式会社**について、債権者や株主などの利害を調整しながら、事業の維持更生を図るもの。

【会社更生手続】

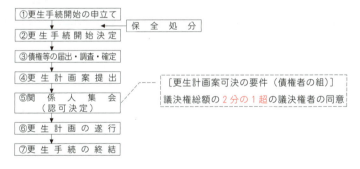

■担保物権の取扱い
① 破産・民事再生……抵当権等の担保物権を有する担保権者は、原則として手続に関係なく、権利を実行して優先弁済を受けられる（**別除権**）。
② 会社更生……担保権者は「更生担保権者」とよばれ、**更生計画**に拘束され、**更生計画**による弁済を受ける。

37

■倒産法制のまとめ

	手続の名前	対　象	開始原因	申立権者	管理処分権	特　徴
清算型	破産手続 （破産法）	個人・法人	支払不能 支払停止 債務超過	債権者 債務者	破産管財人	清算型の代表的手続
清算型	特別清算手続 （会社法）	清算中の 株式会社	債務超過 の疑い等	債権者 清算人 監査役 株主	（特別） 清算人	清算中の株式会社の破産手続よりも簡易な清算手続
再建型	民事再生手続 （民事再生法）	個人・法人	破産手続開始原因の生ずるおそれ等	債権者 債務者	債務者 （原則）	再建型の基本株式会社以外の会社の再建は民事再生手続
再建型	会社更生手続 （会社更生法）	株式会社	破産手続開始原因の生ずるおそれ等	債権者 株式会社 株主	更生管財人	株式会社の強力な再建手続

第5章 知的財産権等に関する知識

❶▶産業財産権
■知的財産権の分類

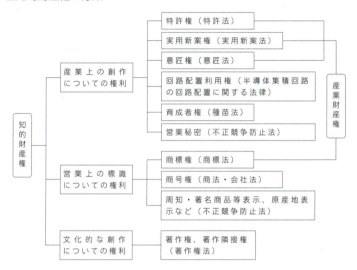

■特許法（「発明」に関する法律）

定義	発明：自然法則を利用した技術的思想の創作のうち高度のもの
特許要件	①産業上利用可能性（農林水産業なども含む） ②新規性（公知発明、公用発明、頒布された刊行物・インターネットで公表された発明は不可。新規性喪失の例外規定あり） ③進歩性（その分野の技術者が効果を容易に予測できる場合は不可） ④先願主義（複数の出願のうち最初に出願した者に特許権を付与） ⑤公序良俗・公衆衛生に反しないこと
取得手続	①出願 　1）願書 　2）明細書（発明の名称、図面の簡単な説明、発明の詳細な説明） 　3）特許請求の範囲（出願の単一性） 　4）要約書 　5）図面（任意） ②方式審査 ③審査請求（出願日から原則3年以内に要審査請求） ④実体審査（拒絶査定の場合、拒絶査定不服審判請求、審決取消訴訟が可能） ⑤出願公開（出願日から原則1年6月経過すると強制的に出願公開） ⑥特許査定・設定登録（特許査定謄本送達日から原則30日以内に特許料納付）
同一日の複数出願	当事者間の協議（不成立の場合は誰も特許を受けられない）
成立後	①特許無効審判（利害関係人のみ、いつでも請求可能） ②特許異議の申立て（誰でも請求可能。特許公報発行から6月以内）
存続期間	①出願日から原則20年間（権利発生は登録日から） ②一定の場合、延長が可能

経営法務

権利	①独占排他権 ②専用実施権（設定した範囲において、特許発明を排他独占的に利用できる権利。当事者の設定契約および設定登録が必要） ③通常実施権（許諾による通常実施権、法定通常実施権、裁定通常実施権） ④仮専用実施権、仮通常実施権（出願段階の発明へのライセンス制度） ⑤当然対抗制度（通常実施権、仮通常実施権） ⑥質権の設定可能 ⑦権利の移転自由（登録必要）
共同発明	①出願：共同 ②持分譲渡、実施権の設定等：共同または共有者の同意 ③特許権の実施：自由（共有者の同意不要）
職務発明	①発明者（従業員等）：発明の完成 　1）特許権 　2）相当の利益 ②使用者（企業）： 　1）無償の通常実施権 　2）特許を受ける権利の取得（特許権の承継、（仮）専用実施権の設定）⇒あらかじめ勤務規則等に定めることにより、はじめから企業に特許を受ける権利が帰属する
先使用権	特許出願に係る発明の内容を知らずにその発明をし、事業をしている者などに対し、その事業の目的の範囲内において特許の発生後も引き続きその発明を業として実施できる**無償の通常実施権**

41

■実用新案法（「考案」に関する法律）

定義	考案：自然法則を利用した技術的思想の創作で物品の形状、**構造**、組合せに係るもの（高度である必要なし）
要件	①産業上利用可能性 ②新規性、新規性喪失の例外規定（特許と同様） ③進歩性（特許と比べ低くても認められる） ④先願主義（特許と同様） ⑤公序良俗・公衆衛生に反しないこと
取得手続	①出願 　1）願書（特許と同様） 　2）明細書（特許と同様） 　3）実用新案登録請求の範囲（特許と同様） 　4）要約書（特許と同様） 　5）図面（特許と異なり、必ず添付する必要あり） ②方式審査（特許と同様） ③**無審査主義**（実体審査なし。出願があれば原則、登録） ④設定登録（原則、**出願と同時**に登録料を納付）
同一日の複数出願	誰も実用新案登録を受けられない
成立後	実用新案登録無効審判（誰でも、いつでも請求可能）
存続期間	出願日から**10年間**（権利発生は登録日から）
権利	①独占排他権 ②ライセンス 　1）専用実施権（特許と同様） 　2）通常実施権（特許と同様） 　3）仮通常実施権（仮専用実施権はない） 　4）当然対抗制度（特許と同様） ③質権の設定可能 ④権利の移転自由（登録必要）
実用新案技術評価書	出願された考案の新規性、進歩性などについて特許庁の審査官が評価し、実用新案権の有効性の判断を示した書類。
実用新案登録に基づく特許出願	実用新案登録出願から原則**3年**以内であれば可能（特許権の存続期間は、実用新案の出願から原則20年）
その他	共同考案、職務考案、先使用権（特許と同様）

経営法務

■意匠法（「デザイン」に関する法律）

定義	物品（原則として、物品の部分を含む。）の形状、模様もしくは色彩もしくはこれらの結合（＝「形状等」という。）、建築物（建築物の部分を含む。）の形状等または画像（原則として、機器の操作の用に供されるもの、または機器がその機能を発揮した結果として表示されるものに限り、画像の部分を含む。）であって、視覚を通じて美感を起こさせるもの（改正意匠法（令和2年4月1日施行の改正意匠法のこと。以下同じ）による定義
要件	①工業上利用可能性（農業、商業などは含まれない） ②新規性（公知意匠、頒布された刊行物・インターネットで公表された意匠は不可。新規性喪失の例外規定は特許と同様） ③創作性（容易に創作できないこと） ④先願主義（複数の出願のうち最初に出願した者に意匠権を付与） ⑤不登録事由 　1）公序良俗違反 　2）出所の混乱が生じるもの 　3）物品の機能を確保するために不可欠な形状のみからなる意匠
取得手続	①出願 　1）願書（意匠に係る物品など） 　2）図面（必須、写真やひな形・見本でも可） ②方式審査 ③実体審査 ④登録査定・設定登録（特許と同様）
同一日の複数出願	当事者間の協議（不成立の場合は誰も意匠登録を受けられない）
成立後	意匠登録無効審判（誰でも、いつでも請求可能）
効力・存続期間	①効力：登録意匠に類似する意匠にまで及ぶ ②存続期間：出願日から25年間（改正意匠法）

権利	①独占排他権 ②ライセンス 　1）専用実施権（特許と同様） 　2）通常実施権（特許と同様） 　3）仮通常実施権（仮専用実施権はない） 　4）当然対抗制度（特許と同様） ③質権の設定可能 ④権利の移転自由（登録必要）
その他	共同創作、職務創作、先使用権（特許と同様）
部分意匠制度	物品等の全体から物理的に切り離せない部分に関する意匠について意匠登録を受けることができる制度
組物意匠制度	同時に使用される二以上の物品等であって、経済産業省令で定められた構成物品で、組物全体として統一感があるものを一意匠として出願し、意匠登録を受けることができる制度
関連意匠制度	意匠（本意匠）に類似する意匠（関連意匠）について意匠登録を受けることができる制度⇒改正意匠法により、関連意匠にのみ類似する意匠も登録可能になった
秘密意匠制度	原則、登録から **3年** を限度として意匠を秘密にすることを認める制度

■商標法（「商標」に関する法律）

定義	人の**知覚**によって認識することができるもののうち、文字、図形、記号、立体的形状もしくは**色彩**またはこれらの結合、**音**その他政令で定めるものであって、商品・役務に使用するもの 　1）商品商標：商品に関するもの（商品マーク） 　2）役務商標：サービスに関するもの（サービスマーク）
商標の機能	1）**出所表示機能**　2）品質保証機能　3）宣伝広告機能
商標の分類	1）文字商標　2）図形商標　3）記号商標　4）立体商標 5）結合商標　6）動き商標　7）ホログラム商標 8）色彩のみからなる商標　9）音商標　10）位置商標
登録主義	登録により商標権が発生⇔使用主義
要件	①一般的登録要件（自他商品・役務識別力を持つこと） ②不登録事由 ③商品の類似（外観類似、観念類似、称呼類似）

経営法務

取得手続	①出願 　１）願書（指定商品・指定役務の区分など） 　２）必要な書面（図面など。任意） ②方式審査（他の産業財産権と同様） ③出願公開（出願があったとき） ④実体審査（出願日から**１年６月以内**に拒絶理由が発見されなければ登録）
同一の複数出願	当事者間の協議（不成立の場合はくじで決定）
成立後	①商標登録の無効の審判（利害関係人のみ、いつでも請求可能） ②登録異議の申立て（誰でも請求可能。商標公報発行から**2月**以内） ③不使用取消審判、不正使用取消審判
存続期間	登録日から**10年間**（更新可能）
権利	①独占排他権（使用権・禁止権） ②ライセンス 　１）専用使用権（他の産業財産権の専用実施権と同様） 　２）通常使用権（他の産業財産権の通常実施権と同様） 　※仮制度、当然対抗制度はない ③質権の設定可能 ④権利の移転自由（登録必要）
先使用権	①当該商標が需要者に広く認識（周知）されていること ②商標権者等は先使用権者に対し、自己の登録商標との混同を防ぐのに適当な表示を付すべきことを請求できる
防護標章登録制度	登録商標を使用した結果、需要者に広く認識（著名）された場合、その登録商標を他人が指定商品または役務以外に使用することによって商品または役務の出所の混同を生じさせるおそれがある時、他人の当該登録商標の無断使用を禁止する制度
団体商標登録制度	事業者を構成員に有する団体が、その構成員に使用をさせる商標について商標登録を受けることができる制度
地域団体商標登録制度	地域名と商品名からなる商標（地名入り商標）について、早期の団体商標登録を受けることができる制度
小売等役務商標制度	小売業者または卸売業者の店舗名等に使用する商標をサービスマークとして保護する制度

❷ ▶ 産業財産権の権利侵害に対する手段

■産業財産権の権利侵害に対する対応策

① 自己の特許権が侵害された場合

【特許権者および専用実施権者が行うことのできる行為】

対応策	概　　要
差止請求	相手方が任意に侵害行為を停止しない場合には、仮処分等の法的手段により差止請求を行う。侵害の予防に必要な行為の請求も可能
損害賠償請求	①特許権の侵害が侵害者の故意・過失に基づく場合、民法の**不法行為**に基づく損害賠償請求が可能。 ②特許法で認められた損害賠償請求権の行使を容易にする規定 　1）侵害者の過失の推定 　2）損害額の推定
不当利得返還請求	無過失責任
信用回復措置請求	新聞に謝罪広告の掲載を求める等
刑事告訴	侵害者が故意に特許権侵害を行っている場合、刑事処分を求めることも可能

② 他者から警告を受けた場合

- 正確な調査と回答
- 先使用権の主張の検討

❸ ▶ 産業財産権以外の知的財産権

■著作権法

① 目的

　著作物ならびに実演、レコード、放送および有線放送に関し著作者の権利およびこれに隣接する権利を定め、これらの文化的所産の公正な利用に留意しつつ、著作者等の権利の保護を図り、もって**文化の発展**に寄与すること。

② 著作物

　思想または感情を創作的に表現したものであって、文芸、学術、美術または音楽の範囲に属するもの。

③ 他の著作物

二次的著作物	原著作物（一次的著作物）を翻訳、編曲、変形、脚色、映画化、その他翻案することにより創作した著作物
共同著作物	2人以上の者が共同して創作した著作物で、その各人の寄与分を分離して個別に利用できないもの

④ 著作権の分類

● 著作者人格権

一身専属的な人格的利益を保護する権利。譲渡・相続できない。

公表権	著作物を公表するかどうか、また公表する場合の時期や方法について決定する権利
氏名表示権	著作物に著作者名を表示するかどうか、また表示する場合どのように表示するか（本名、ペンネームなど）について決定する権利
同一性保持権	著作者の意に反して著作物の内容や題名を勝手に変えたり、切除したりさせない権利

● 著作財産権

　著作者の創作した著作物が、他人に勝手に使用されることを禁止し、著作者の経済的利益を保護する権利。譲渡・相続は可能。

複製権	著作物を複製する権利 ※複製：印刷、写真、複写、録音、録画、パソコンのハードディスクやサーバへの蓄積その他の方法によって有形的に再製すること
上演権・演奏権	著作物を公衆に、直接見せるもしくは聞かせるために、演劇を上演したり、音楽を演奏する権利
上映権	映画や写真などの著作物を映写する権利 ※上映：著作物をスクリーンやディスプレイに映写すること
公衆送信権・伝達権	①公衆送信権：著作物を公衆送信する権利 ※インターネットの場合、サーバ等への蓄積（アップロード）、違法ダウンロードも対象 ②伝達権：公衆送信される著作物を受信装置を使って公に伝達する権利
口述権	小説などの言語著作物を、朗読、講演などにより公衆に対して口頭で直接に伝達する権利
展示権	美術の著作物、未発表の写真の著作物の原作品を公に展示する権利
頒布権	映画のフィルムといった著作物を、有償無償を問わず、譲渡・貸与する権利
譲渡権	映画以外の著作物について、その原作品や複製物を譲渡により公衆に提供する権利
貸与権	映画以外の著作物について、その原作品や複製物を貸与により提供する権利
二次的著作物の創作権	著作物を翻訳、編曲、変形、脚色、翻案などして、新たな創作行為を加えて二次的著作物を創作する権利 ※変形：絵画を写真にしたり、写真を絵画にしたりすること ※翻案：小説を脚本にしたり、文芸作品を映画化したりすること
二次的著作物の利用権	二次的著作物の原著作物の著作者は、その二次的著作物の利用に関し、その二次的著作物の著作者がもつ権利と同一の権利をもつ

- 著作隣接権

　　実演家（俳優・歌手・演出家など）、レコード製作者、放送事業

経営法務

者、有線放送事業者に認められた権利。人格権は実演家のみ認められる（実演家人格権）。財産権は全ての著作隣接権者に認められる。

⑤　著作権の発生
- 無方式主義：手続不要。創作と同時に著作者に権利が発生する。
- 著作権の登録：著作権の発生要件ではなく、第三者への対抗要件。

⑥　著作権の保護期間（原則）
- 著作権の効力発生（創作時）から著作者の生存中および死後70年まで。

⑦　著作権の制限（著作権侵害にならない行為）
- 私的使用のための複製（企業活動が絡む場合は、私的使用にはあたらない）。ただし、私的使用目的であっても、違法にアップロードされたものだと知りながら侵害コンテンツをダウンロードする行為は、一定の要件の下で、著作権侵害となる。

  そして、違法にアップロードされた著作物のダウンロード規制（私的使用であっても著作権侵害とする規制）について、対象が音楽・映像（注：音楽・映像はすでに対象）から著作物全般（漫画、書籍、論文、コンピュータプログラムなど）に拡大された（令和3年1月1日改正）。
- プログラムの著作物の複製物の所有者による複製など（プログラムの著作物の複製物の所有者が利用するために必要な限度内で行う場合に限られる）。

⑧　著作権の活用
- 著作権の移転自由、質権の設定可能。
- 出版権（電子出版も対象）

⑨　著作権の侵害
- 直接侵害……著作権者に無許諾で、正当な理由なく著作物を利用するなどの行為。
- 擬制侵害……販売・配布目的での海賊版の輸入・頒布、著作者の名誉を害するなどの行為。
- 侵害行為への対応策……損害賠償請求、差止請求、不当利得返還請求、名誉回復等措置請求、刑事告訴。

■不正競争防止法

① 目的

　　事業者間の公正な競争およびこれに関する国際約束の的確な実施を確保するため、不正競争の防止および不正競争に係る損害賠償に関する措置等を講じ、もって国民経済の健全な発展に寄与すること。

② 商品等表示

　1）氏名　2）商号　3）商標　4）標章（マーク）　5）商品の容器もしくは**包装**

　6）その他の商品または営業を表示するもの

③ 不正競争行為の類型

● **周知表示**混同惹起行為

　　他人の商品等表示として、需要者間に広く認識されているものを使用などすることで、他人の商品・営業と混同を生じさせる行為。

● 著名表示冒用行為

　　他人の著名（「周知」よりも広い範囲を想定）な商品等表示と同一・類似のものを、自己の商品等表示として使用などする行為。

フリーライド（ただ乗り）	著名表示の顧客吸引力や財産的価値にただ乗りすること
ダイリューション（希釈化）	希少価値をもつ著名表示と、その著名表示の使用者との結びつきが、冒用行為によって薄められること
ポリューション（汚染）	著名表示のイメージが汚染されるといった不利益が生じること

● 商品形態模倣行為（デッドコピー）

　　他人の商品の形態を、日本国内で最初に発売された日から**3年**以内に模倣し、譲渡等する行為。

● 営業秘密（トレードシークレット）に係る不正行為。

秘密管理性	客観的に秘密として管理されていると認められる状態にあること
有用性	当該情報自身が客観的に事業活動に利用されることによって、経費の節約、経営効率の改善などに役立つものであること

経営法務

非公知性	保有者の管理下以外では、一般的には入手できない状態にあること

- 限定提供データに係る不正行為（令和元年7月1日施行）

  ID・パスワード等の技術的な管理を施して提供されるデータ（限定提供データ）を不正に取得・使用等する行為。①限定提供性、②電磁的管理性、③相当蓄積性の3つの要件（のすべて）を満たさなければならない。なお、同じ情報が、営業秘密と限定提供データのいずれにも該当することはない。

- デジタルコンテンツ技術的制限手段の無効化行為

  ビデオソフトでのコピーを防止する機能や、衛星放送などで用いるアクセス関連の機能を無効化する装置またはそのプログラムの記録媒体などを譲渡したり、プロテクト破りをするサービスを提供する行為等。

- ドメイン名不正登録等行為

  不正の利益を得る、または他人に損害を与える目的で、他人の特定の商品等表示と同一・類似のドメイン名を取得し使用する行為（サイバースクワッティング、フィッシング）。

- 商品や役務の品質・内容などの誤認惹起行為。

  商品や役務の品質・内容などを偽ったり、誤認をさせるような表示をし、その商品などを譲渡・提供する行為。

- 信用毀損行為

  競争関係にある他人の営業上の信用を害する虚偽の事実を告知しまたは流布する行為。

- 代理人等の商標冒用行為

  外国の商標権者の承諾なしに、その代理人等が、その商標と同一・類似の商標を同一・類似の商品・役務に使用等する行為。

第6章 その他経営法務に関する知識

❶ ▶ 独占禁止法（私的独占の禁止及び公正取引の確保に関する法律）…

■私的独占の禁止

事業者が単独または他の事業者と手を組み、不当な低価格販売、差別価格による販売などの手段を用いて、競争相手を市場から排除したり、新規参入者を妨害して市場を独占しようとする行為は「排除型私的独占」として禁止されている。

また、有力な事業者が、株式の取得、役員の派遣などにより、他の事業者の事業活動に制約を与えて、市場を支配しようとすることも「支配型私的独占」として禁止されている。

■不当な取引制限の禁止

事業者または業界団体の構成事業者が相互に連絡を取り合い、本来、各事業者が自主的に決めるべき商品の価格や販売・生産数量などを共同で取り決め、競争を制限する行為は「カルテル」として禁止されている。

国や地方公共団体などの公共工事や物品の公共調達に関する入札の際、入札に参加する事業者たちが事前に相談して、受注事業者や受注金額などを決めてしまう「入札談合」も不当な取引制限として禁止されている。

■不公正な取引方法の禁止

自由な競争を減殺する行為、競争の基盤を侵害するような行為は「不公正な取引方法」として禁止されている。共同の取引拒絶、差別対価、不当廉売、再販売価格の拘束、優越的地位の濫用などがある。

■課徴金納付命令および課徴金減免制度

課徴金納付命令とは、独占禁止法の違反行為を行った事業者に対して、一定の算式に従って計算された金額を課徴金として国庫に納めるように公正取引委員会が命じる行政処分のことである。不当な取引制限（カルテル、入札談合）、私的独占（支配型および排除型）および一定の不公正な取引方法（共同の取引拒絶、差別対価、不当廉売、再販売価格

経営法務

の拘束、**優越的**地位の濫用）が課徴金の対象となる。

　うち、**カルテル**・入札談合については、事業者が自ら関与したその違反内容を公正取引委員会に自主的に報告した場合、課徴金が減免される課徴金減免制度が設けられている。

❷ ▶製造物責任法（PL法）

■製造物責任法（PL法）

　製造物に欠陥があり損害を被った場合に、製造業者（メーカー）に**無過失**責任（欠陥責任）を負わせ、消費者などの被害者が製造業者に対して直接損害賠償を請求できることを定めた法律。

■製造物

　製造物とは、**製造**または**加工された動産**をいう。

「製造物」となるもの	「製造物」とならないもの
・工業製品、手工芸品（原料、材料、部品、完成品の別を問わない） ・住宅に組み込まれた電気製品 ・煮干し、漬物、出し昆布（極めて簡単でも加工がなされていれば「製造物」） ・輸血用血液製剤	・電気などエネルギー ・サービス（医療、美容、理容、クリーニング、運送など） ・コンピュータのプログラム ・不動産（欠陥宅地、欠陥住宅） ・未加工の農水産物（畑でとれたばかりの野菜、漁獲した魚介類）

❸ ▶消費者保護法制

■消費者保護法制

① 　景品表示法（不当景品類及び不当表示防止法：景表法）

　● 過大な景品類の提供の規制

	取引価額	景品類の最高額	景品類の総額制限
一般懸賞	5,000円未満	取引価額の20倍	売上予定総額の2％
	5,000円以上	10万円	
共同懸賞	金額にかかわらず	**30万円**	売上予定総額の3％

総付景品	1,000円未満	200円	制限なし
	1,000円以上	取引価額の2/10	

- 不当表示
  1) 優良誤認表示（商品または役務の品質、規格などに関する不当表示の規制）
  2) 有利誤認表示（商品または役務の価格その他の取引条件についての不当表示の規制）
  3) その他の誤認表示（内閣総理大臣が指定する表示の規制）
② 消費者契約法……消費者契約について、消費者が契約の取消や無効を主張できる場合を定めた法律。
③ 特定商取引法……特定商取引（ネガティブオプションを除く次表の取引）などを規制し、消費者を保護する法律。

取引名	ポイント
訪問販売	キャッチセールス、アポイントメントセールス、催眠商法（SF商法）含む。クーリングオフは8日以内
訪問購入	訪問販売の逆で、消費者等が、自宅に押しかけた事業者に貴金属等を強引に買い取られるといった行為。クーリングオフは8日以内
電話勧誘販売	氏名などの明示義務、拒否者に対する勧誘の禁止等。クーリングオフは8日以内
通信販売	クーリングオフ制度は規定されていない（「返品制度なし」等の明示がない場合は、8日以内に返品等が可能）
連鎖販売取引	マルチ商法など。クーリングオフは20日以内
特定継続役務提供	エステティックサロンや英会話スクールなど長期契約・一括支払いをさせる取引が対象。クーリングオフは8日以内
業務提供誘引販売取引	内職・モニターなどの仕事の提供を条件に必要な商品やサービスの契約をさせる取引。クーリングオフは20日以内
ネガティブオプション	一方的な送りつけ商法。売買契約は成立していないため、商品が送られて来た日から原則14日を経過すれば自由に処分できる

経営法務

❹ ▶ 国際取引 ……………………………………

■準拠法

外国企業と取引をし、紛争が発生した場合に適用される法律のこと。

① 国際私法……どの国の法律を準拠法とするかの決定基準。日本の国際私法は「法の適用に関する通則法」（通則法）。

② 当事者自治の原則……準拠法の決定を当事者の意思に任せようというもの。通則法では当事者が準拠法を前もって決めていなかった場合、最密接関係地の法律（最密接関係地法）を準拠法としている。

■FOB（Free On Board：本船渡条件）

船積港（売主が出荷する港）で売主が売買契約の目的物を船積みすることにより、売主の義務が完了する売買契約のこと。船積みに必要な船舶の手配、海上保険契約の締結は買主の義務であり、売主は海上運賃や保険料を負担しない。

■CIF（Cost, Insurance and Freight：運賃保険料込条件）

売主が仕向港（買主が荷揚する港）までの海上運賃と海上保険料を負担する売買契約のこと（Cost：原価、Insurance：保険、Freight：運賃）。

経営情報システム

第1章 情報技術に関する基礎的知識

❶▶ハードウェア・・・・・・・・・・・・・・・・・・・・・・・・・・・・・・・・・・・・・・・

■コンピュータの5大装置

① 5大装置
- **入力装置**：マウス、キーボードなど
- **出力装置**：ディスプレイ、プリンタなど
- **記憶装置**：主記憶装置、補助記憶装置
- **演算装置**：四則演算、論理演算、比較演算などを行う装置
- **制御装置**：入力、出力、記憶、演算の各装置を制御する装置

② マザーボード：CPUや記憶装置などの部品を装着する基板のこと

③ バス：各機器が共有するデータ伝送路

■CPU（Central Processing Unit：中央演算処理装置）

① CPUの機能
- 制御機能：主記憶（記憶装置）から命令を取り出し、解読、実行および入力装置、出力装置の制御を行う
- 演算機能：算術演算、論理演算を行う

② CPUの高速化

種類	内容
パイプライン制御	CPUは①命令読込、②解釈、③実行、④結果格納、といった手順で作業を行っている。通常は順に実行されるが、これを並行処理することによって高速化を図る。
マルチプロセッサ	複数の処理装置（CPU）で、主記憶装置と補助記憶装置を共有することにより、並列処理を可能にしたシステムである。
デュアルコアCPU	デュアルコアCPUとは、1つのCPUに2つのプロセッサコア（中枢機構）を集積したCPUである。シングルコアCPUは、1つのCPUでプロセス（コンピュータの処理単位）を同時に1つしか処理できないのに対して、デュアルコアCPUは、1つのCPUでプロセスを同時に2つ処理できる。

クアッドコアCPU	4つのプロセッサコア、または2つのデュアルコアプロセッサを搭載したCPUである。
ヘキサコアCPU	6つのコアプロセッサを搭載したCPUである。
オクタコアCPU	8つのコアプロセッサを搭載したCPUである。

■記憶装置

① 半導体メモリ

- ROM（Read Only Memory）

  1）マスクROM：製造時に一度データを書き込むと、後から一切書き込みができない

  2）PROM（Programable ROM）：
  特殊な装置を用いて一度だけ書き込み可能

  3）EPROM（Erasable Programable ROM）：
  データの消去が可能

  4）EEPROM（Electrically Erasable and Programable ROM）：
  電気的に消去可能なROM、フラッシュメモリ

- RAM（Randam Access Memory）：
  電気的に読み書きが可能なメモリ

  1）DRAM（Dyanamic Randam Access Memory）：
  データの記憶は電荷によって行う。SDRAM（Synchronous DRAM）やDDR SDRAM（Double Data Rate SDRAM）、RDRAM（Rambus DRAM）などがある。

  2）SRAM（Static Randam Access Memory）：
  記憶素子にフリップフロップ回路を用いる

	DRAM	SRAM
処　理　速　度	遅　い	速　い
用　　　　　途	主記憶装置	キャッシュメモリ
リ フ レ ッ シ ュ	必　要	不　要

② 記憶装置の階層

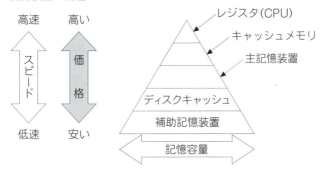

③ 高速化および有効化
- **キャッシュメモリ**：CPUと主記憶との速度差を埋めるために、両者の中間に置かれるメモリのこと。
    1) キャッシュ機能：一度アクセスしたデータを主記憶よりも高速なキャッシュメモリに記録する方式。
    2) ヒット率：データがキャッシュメモリに存在する確率
- メモリインタリーブ：メモリアクセスの高速化技法。バンクとよばれる単独で動作できるメモリアクセス機構を複数設置することで、メモリのアドレスをバンクにまたがって連続的に割り当てられるようにする。
- ガーベジコレクション：主記憶装置上の領域において動的な割り当てと解放を繰り返すと、利用できないほど小さな未使用断片領域が生じる。これを利用できる大きさにまとめる処理のこと。コンパクション、メモリコンパクションともよばれる。
- ディスクキャッシュ：主記憶装置と補助記憶装置との速度差を埋めるために、両者の中間に置かれるメモリのこと。

経営情報システム

④ 補助記憶装置
● 磁気ディスク装置
1）HDD（ハードディスクドライブ）

磁性体を塗布した複数枚の硬い円盤から構成される、高速で大容量な補助記憶媒体

● その他の補助記憶媒体と装置

名称	内容
SD カード、 メモリスティック、 USB メモリ	記憶媒体としてフラッシュメモリを用いた記憶装置。小型化が進んでいることが特徴であり、パソコンや携帯電話、デジタルカメラなどに用いられている。
フラッシュメモリドライブ (SSD：Solid State Drive)	記憶媒体としてフラッシュメモリを用いるドライブ装置。SSDはデータの読み書きがHDDに比べ高速化されている。またモーターを使ってディスクを回転させる必要がなく、消費電力も大幅に少ない。耐衝撃性もHDDに比べ高いといわれている。通常のHDDと同様の利用ができ、OSのインストールも可能である。
BD-ROM (Blu-ray Disc-Read Only Memory)	再生専用のディスクである。ROM（Read Only Memory）の名称からもわかるように「読み取り専用」である。データの書き込みや書き換えはできない。BD-ROMやDVD-ROMは、市販する映画やゲームソフトなどの収録などに使われている。BD-ROMのデータ容量は、25GB（片面 1 層）である。DVD-ROMのデータ容量は、4.7GB（片面 1 層）である。
DVD-ROM (Digital Versatile Disc-Read Only Memory)	
DVD-RAM (Digital Versatile Disc-Random Access Memory)	繰り返しデータの書き換えができるディスクである。データの書き込み・書き換えにはDVD-RAM対応ドライブが必要である。DVD-RAMドライブは、DVD-ROMも再生できる。

BD-R (Blu-ray Disc-Recordable) DVD-R (Digital Versatile Disc-Recordable)	ブルーレイディスクとDVDディスクの規格である。ユーザが購入した時点では、ディスクにはデータは記録されておらず、ユーザは1度だけ書き込みが可能であるが、1度記憶したデータは書き換えることはできない。BD-Rのデータ容量は、25GB（片面1層）である。DVD-Rのデータ容量は、4.7GB（片面1層）である。
BD-RE (Blu-ray Disc-REwritable) DVD-RW (Digital Versatile Disc-ReWritable)	ブルーレイディスクとDVDディスクの規格である。ユーザが購入した時点では、ディスクにはデータは記録されていない。ユーザはデータの書き込みとデータの書き換えができる。記録したデータを削除して、再度書き込みができる点が、BD-RやDVD-Rと異なる。BD-REのデータ容量は、25GB（片面1層）である。DVD-RWのデータ容量は、4.7GB（片面1層）である。
NAS（Network Attached Storage）	ネットワークに直接接続して使用するファイルサーバ専用機。ハードディスクとネットワークインタフェース、OSなどを一体化した単機能サーバであり、記憶装置をネットワークに直接接続したように見えることからこのようによばれる。
SAN（Storage Area Network）	記憶装置専用のネットワークを構築し、複数のコンピュータと複数の記憶装置（ストレージ）とを高速に接続する集約方式。SANを導入することにより、複数のサーバで記憶装置を共有し、それぞれのサーバに必要な容量を割り当てるような仕組みを構築できる。SANの形態にはいくつかの種類があるが、現在は複数のサーバと記憶装置を「SANスイッチ」とよばれる機器につなぐ構成が一般的である。

⑤　仮想記憶装置

　　補助記憶装置を利用することで、実装されている主記憶の容量を超える空間を作り出す方式のこと

●補助記憶装置上に仮想的な主記憶領域を設定する。

●主記憶の容量が少ないとスワッピングが多発する。

経営情報システム

● 上記により処理効率が低下することをスラッシングという。

■**インタフェース：装置と装置、あるいは装置とユーザの間をつなぐ仕組み**

① シリアル伝送とパラレル伝送
- シリアル伝送（直列伝送）：１本のデータ信号線を通して、１ビットずつ伝送する方式
- パラレル伝送（並列伝送）：複数のデータ信号線を通して、同時に複数のビットを伝送する方式

② シリアル伝送とパラレル伝送の処理速度の違い

　一般的には、複数ビットを並行に転送できるパラレル伝送の方が同時に複数のビットを転送できるので効率は良いが、転送速度を高速化したり距離が長くなると、各データ線のタイミングをとるのが難しくなる。よって、現在は、シリアル伝送での高速化が図られている。

③ 周辺機器とのインタフェース
- シリアルインタフェース

名称	特徴
USB（Universal Serial Bus）	ハブを介し、周辺機器を最大127台まで接続可能。
IEEE1394	米国電気電子技術者協会（IEEE）によって標準化された規格。デジタルビデオカメラ接続の標準であり、最大63台まで接続可能である。
シリアル ATA (SATA)	パラレル ATA をシリアル伝送化して高速化した規格。内蔵ハードディスクなどを接続する用途で用いられ、１インタフェースの最大同時接続数は１つである。 2009年５月に発表されたシリアル ATA3（Serial ATA/600、SATA600）は物理転送速度が６Gbps（実効転送速度600MB/s）であるなど、非常に高速な規格が登場している。

e-SATA (external Serial ATA)	シリアル ATA の発展版であり、外付けハードディスクを接続する規格。転送方式や転送速度などはシリアルATA に準拠しており、高速なデータ通信を可能にする。
mSATA (mini SATA)	ケーブルを使わずにPCへ取り付けられるシリアルATAコネクタの規格。通常のシリアルATAよりも小型で、ノートパソコンなどに用いられることが多い。端子の形状はMini PCI Expressスロットと同様だが信号線の内容は異なるため互換性はない。
NVMe (Non Volatile Memory express)	SSDを接続するための規格。主に内蔵ハードディスクを接続する用途で用いられるシリアルATAよりも転送速度が速く、高速な処理が可能なSSDの性能を引き出すことができる。
DVI (Digital Visual Interface)	液晶ディスプレイなどの表示装置を接続するためのもので、デジタル伝送によって信号を伝えることができる。
HDMI (High-Definition Multi-media Interface)	DVI の発展版であり、パソコンとディスプレイを接続する規格。主に家電や AV 機器にて用いられており、デジタル映像や音声の入出力を行う。
DisplayPort	液晶ディスプレイなどのデジタル・ディスプレイ装置のために設計された映像出力インタフェースの規格。映像信号と音声信号を一本のケーブルで伝送することができる。複数のディスプレイをデイジーチェーン接続し、今までよりも簡単にマルチディスプレイ環境を構築することができるといった利点がある。

● パラレルインタフェース

名称	特徴
SCSI (Small Computer System Interface)	米国規格協会（ANSI）によって規格化。最大７台または15台までの接続が可能であり、ハードディスクなど比較的高速な機器の接続に利用される。なお、SCSI-3は、SCSI-2をさらに高速化・改良しシリアル伝送も行うインタフェースである。

経営情報システム

セントロニクス (IEEE1284)	主にプリンタ接続用である。1994年に制定された古い規格であり、最近のパソコンではプリンタ用のインタフェースとしてUSBケーブルなどが採用されており、ほとんど見られない。
パラレルATA (IDE：Integrated Drive Electronics)	内蔵ハードディスクなどを接続し、1インタフェースの最大同時接続数は2つである。

④　ホットプラグとプラグアンドプレイ

名称	特徴
ホットプラグ	電源を切らずに接続の抜き差しができる機能である。
プラグアンド プレイ	OSがデバイスを自動的に検知して、最適な設定を行う機能である。

❷▶ソフトウェア
■ソフトウェアの体系

大分類	小分類	備考
システムソフトウェア	基本ソフトウェア （広義のOS）	・制御プログラム（狭義のOS） ・言語プロセッサ ・サービスプログラム（ユーティリティ）
	ミドルウェア	・DBMS　・CASE　・EAI ・運用管理ツール　など
応用ソフトウェア	共通応用ソフトウェア	・表計算／文書作成 ・CAD　など
	個別応用ソフトウェア	・各種業務固有のアプリケーション　など

65

■システムソフトウェア

① OSの機能

名称	特徴
ジョブ管理	ジョブの実行順序を監視・制御する。 ※ジョブとは、ユーザから見たコンピュータの実行単位
タスク（プロセス）管理	タスクにCPUや主記憶装置などの資源をいかに割り当てるかを管理する。タスク管理により、マルチ（多重）プログラミングを実現する。 ※タスクとは、ジョブを細分化したコンピュータ内部での処理単位
入出力管理	入出力装置であるキーボードやプリンタなどを管理する。入出力制御機能は、デバイスドライバなどにより制御され、入出力制御機能の高速化としてスプーリングがある。
記憶管理	主記憶へのプログラムの割付や仮想記憶方式による記憶容量の提供を制御する。
ユーザ管理	コンピュータ上でマルチユーザを実現するための仕組み。複数のユーザアカウントを作成し、そのアカウントごとにユーザ名およびパスワードを割り当てることで、コンピュータ内の資源をユーザごとに管理することが可能になる。
データ管理	データをファイルとして管理を行う。データを格納するファイルの形式やアクセス手段、データ競合時の排他制御、障害時の復旧（リカバリ）などを行う。
運用管理	システムの稼働状況の記録（システムモニタリング）など運用管理業務を支援する機能の提供を行う。
障害管理	障害の検出や回復、障害状況の記録（ログファイル、ダンプファイルの出力など）、バックアップなど障害に対応するための機能の提供を行う。

経営情報システム

通信管理	LANなどを用いたデータ通信の制御に関する機能の提供を行う。

※ **マルチタスク**：1台のコンピュータで同時に複数のアプリケーションを起動し、並列的に実行できること

※ **マルチユーザ**：1台のコンピュータを複数のユーザで共有すること

※ **デバイスドライバ**：各種機器を制御する（動作させる）ためのソフトウェア

※ **スプーリング**：磁気ディスクなどの補助記憶装置を仮想的な入出力装置とみなして、CPUと入出力装置の間に介在させる技術

② **ミドルウェア**

OSと応用ソフトウェアの「中間的」な役割をもっているソフトウェア。応用ソフトウェアに対して、基本ソフトウェアにはない特定の分野で共通に使用する基本処理機能を提供する。

■**ファイル ➡ データのまとまり**

名称	特徴
マスタファイル	更新されることはあっても、廃棄されず継続的に利用され続けるファイル。
トランザクションファイル	逐次発生する取引データなどを記録するファイル。
テキストファイル	文字情報（文字コード）のみが格納されているファイル。テキストファイルには、固定長ファイル（データの区切りがなく、一定のパターンでデータが記述されたもの）と可変長ファイル（データの区切りやデータの桁数も可変であるもの）がある。
バイナリファイル	文字情報以外の情報（画像データのように "0"、"1" のビット列など）を格納するファイル。

※ 具体的なテキストファイル：
CSVファイル、HTMLファイル、XMLファイルなど

※　具体的なバイナリファイル：
　　ワープロソフト、表計算ソフトで作成したファイルなど

■データ形式

分類	名称	内容
静止画像データ	BMP	Windows で標準的に使用。色数は、フルカラー（約1,670万色、24ビット）に対応。
	TIFF	アプリケーションへの依存が少ない。可逆圧縮方式。
	GIF	絵やイラスト保存に利用。可逆圧縮方式。モノクロ2色から最大256色（8ビット）に対応。
	PNG	GIFの機能を拡張。ネットワーク経由での使用を想定した機能を強化。可逆圧縮方式。色数は、約280兆色（48ビット）に対応。
	JPEG	写真の保存に利用。非可逆圧縮方式。色数は、フルカラー（約1,670万色、24ビット）に対応。
動画像データ	MPEG-1	ビデオやCDなどに利用される。
	MPEG-2	DVD、デジタル放送などに利用される。
	MPEG-4	MPEG-2の2倍以上の圧縮率を実現し、携帯電話向けの通信などで利用され、低速通信から高速通信まで幅広い用途に対応している。
	MPEG-7	動画の圧縮仕様を定めたものではなく、XMLにてマルチメディアデータに情報を付加するための記述方式である。
音声データ	WAVE	主に Windows で利用される。
	WMA	Microsoft が開発した圧縮方式。非可逆圧縮方式。
	MP3	MPEG1のオーディオ規格として開発。非可逆圧縮方式。
	MIDI	電子楽器の演奏データを機器間でデジタル転送するための世界共通規格。入出力インタフェース、通信プロトコル、データ形式など、複数の規定からなる。

経営情報システム

	CSV形式	データを「,」やタブで区切って並べたファイル形式。
その他のデータ	PDF形式	電子文書のためのファイル形式。相手のコンピュータの機種や環境に依存せずに、文字情報、フォントなどの情報、埋め込まれた画像、それらのレイアウトなどの情報を保存できる。
	ストリーミング形式	動画や音楽をダウンロードしながら再生するためのファイル形式。

■文字コード
① ASCII（アスキー）：ANSI（米国規格協会）で規格化され、英数字などを扱う7ビットの文字コード
② JISコード：英数字などを扱う7ビットの文字コードや、英数字およびカタカナ、漢字などを扱う16ビットの文字コードがある
③ Unicode（ユニコード）：すべての文字（世界中の文字）を、16ビット（2バイト）で表す文字コード
④ EUC：ASCIIをもとにしていて、UNIXで日本語が扱えるように拡張した文字コード

❸ ▶ データベース

■データベースの全体像
　データベースを作成すると、データを一元管理することができ、さまざまな目的に応じてデータを自由に利用することができる。

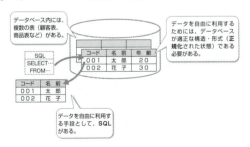

■データベースの種類

① **リレーショナルデータベース（RDB）**：
   レコード間の関係を、行と列の表形式で表現する。
② 階層型データベース：
   レコード間の相互関係をポインタを用いて木構造（親子構造）で表現する。
   親と子の関係は、１：ｎ。
③ ネットワーク型データベース：
   レコード間の関係を木構造（親子構造）で表現する。
   親と子の関係は、ｎ：ｎ。
④ キーバリューデータベース
   データを識別するためのキーとデータの値をペアにして多様なデータを格納・管理するデータベース。
⑤ NoSQLデータベース
   大量かつ多様な形式のデータを高速に操作・分析することを可能とする、非リレーショナルな分散データベース。

■DBMS

① DBMSとは
   ● データベース管理専用ソフトウェア
   ● 他のプログラム、アプリケーションソフトウェアからデータベースを独立させる
   ● アプリケーションの生産性、性能、資源の利用効率の向上を可能とする

② DBMSの機能

機能	内容
データベース定義	各種データベースの枠組みを規定する（３層スキーマ）。
データベース操作	データの検索、登録、変更、削除などの各種操作を行う（関係演算／SQL）。

経営情報システム

データベース制御	データの整合性確保（同時実行制御）や障害回復（ロールフォワード／ロールバック）などを行う。

■データベース定義（3層スキーマ）

名称	内容
外部スキーマ	特定の利用者やアプリケーションソフトウェアで利用する観点から表現されるデータ構造である。
概念スキーマ	データベース化したいデータを、DBMSのデータモデルに従って記述したものである。基本的には論理データモデルそのものである。
内部スキーマ	データの物理的な格納方式を定義したものであり、ファイル名や格納位置、領域サイズなどを指定する。

■データベース操作

① 射影：対象となる表から指定された「列」のみを出力する。
② 選択：対象となる表から指定された条件を満たす「行」のみを出力する。
③ 結合：複数の表に含まれる共通の「列」の内容によって表を結びつける。

■データベース制御

① 同時実行制御

名称	内容
ロック方式 （排他制御）	トランザクション実行時に処理対象のデータにロックをかけ、他のトランザクションがアクセスできないよう制御する方式。最初にロックをかけたトランザクションが終了した後、次のトランザクションが実行可能となる。

	アクセスされた最新日時を記録する時刻印を各データにて保持し、複数トランザクションでそれを監視しながら実行可否を制御する方式。トランザクションの開始時に対象データの時刻印を取得し、トランザクション内の処理を進める。更新などの処理の直前に時刻印を再取得し、開始時に取得した時刻印と比較して異なっていたら処理を棄却して再実行する。
時刻印アルゴリズム	

② バッアップ
- **フルバックアップ**：ファイル全体をコピーする
- **差分バックアップ**：
  直前のフルバックアップとの差分をバックアップする。
- **増分バックアップ**：
  直前の増分バックアップとの差分をバックアップする。

③ ロールフォワードとロールバック
- **ロールフォワード（前進復帰）**
  バックアップファイルで、データベースを前回のバックアップ時点の状態に復旧する。
  ログファイルの更新後情報を用いて、バックアップ後のトランザクションによって更新された分を更新する。
- **ロールバック（後退復帰）**
  障害の発生時点で処理中だったトランザクションによる更新を、ログファイルの更新前情報を使って取り消し、データベースを処理前の状態に戻す。

■SQL（Structured Query Language）
関係データベースの作成、操作のための標準的な言語
① データベース言語の種類
- DDL：CREATE（生成）、ALTER（変更）、DROP（削除）など
- DML：SELECT（検索）、UPDATE（変更）、INSERT（登録）、DELETE（削除）など

② SELECT文
- SELECT の基本書式

経営情報システム

SELECT	＜列名＞	←抽出する列を指定する（複数の列がある場合は「，（カンマ）」で区切る）。
FROM	＜表名＞	←問合せ対象の表を指定する（複数の表がある場合は「，（カンマ）」で区切る）。
WHERE	＜条件式＞	←検索条件を指定する

③　グループ化

● GROUP BY

表の各行は、GROUP BY句を指定することによりグループ化することができる。

GROUP BY ＜列名＞,＜列名＞,・・・・

● HAVING

条件式を満たすグループのみを抽出。WHERE句が行を対象にしているのに対して、HAVING句はグループを対象にしている。

④　データの並びかえ

● ORDER BY

表を任意の列の降順または昇順に整列することができる。

ORDER BY＜列名＞［ASC¦DESC］

ASCは昇順、DESCは降順を表し、省略した場合はASCが指定されたものとみなされる。

■正規化

①　正規化の意義

データベースの正規化とは、関連の強いデータのみを1つのテーブル（表）にまとめ、データの独立性を高めることである。

②　正規化の種類

名称	内容
第1正規化	非正規形の表に現れる繰り返し項目を分離して、独立した行にすること。
第2正規化	主キーの一部だけから特定できる項目を別の表にすること。
第3正規化	主キー以外の項目で特定できる項目を別の表にすること。

※　主キーは、その項目を選び出すとその行（横全部）が一意に決まる

73

列のこと。**主キー**には、一意性制約およびNOT NULL制約が課せられる。

※ **外部キー**は、他の表を参照する列のこと。**外部キー**には、参照制約が課せられる。

③ 正規化の問題点
　　第3正規形まで正規化することによって、冗長性のないデータ項目のグループが作れるが、処理効率を考えると必ずしも良いとはいえない場合もある。

❹▶ネットワーク‥‥‥‥‥‥‥‥‥‥‥‥‥‥‥‥‥‥‥‥‥

■コンピュータネットワークの種類

① LAN（Local Area Network）
　　企業のビル内や工場、あるいは大学のキャンパスなど、限られた範囲内でコンピュータや関連機器を接続したネットワーク。

② WAN（Wide Area Network）
　　本社や支社など、地域的に離れたLAN同士を接続したネットワーク。通信事業者が設置・運用する回線網を指すことが多い。

③ VAN（Value-Added Network）
　　データ通信サービスにさまざまな種類のデータ処理機能を付加して提供するもの。付加価値通信網ともよばれる。

■LANのトポロジ

① スター型：LANを接続する装置を中心として、これに複数のコンピュータを放射線状に接続した形態。

② リング型：すべての端末を環状の1本のケーブルに接続する方式。

■LANの接続媒体

① より対線（ツイストペアケーブル）：
　　2本の銅線をより合わせたケーブル

② 同軸ケーブル：中央に1本の銅線　➡　その周りを絶縁体で被う
　　➡　その外に細い銅線の網　➡　一番外はビニールで包まれている

③ 光ファイバ：ガラスまたはプラスティックの線

経営情報システム

■LANのアクセス制御方式

名称	内容
CSMA/CD 方式	データの衝突（コリジョン）を監視し、衝突が起きた場合には再送信するアクセス制御方式のこと。
トークンパッシング方式	データの衝突を避けるため、トークンとよばれる特定の送信許可証をネットワーク内で巡回させ、このトークンを得た端末のみがデータを送信できるアクセス制御方式のこと。

■イーサネット（Ethernet）
- 現在のLANの主流
- 通信速度：100Mbps、1Gbpsなど
- アクセス制御方式：CSMA/CD方式
- トポロジー：主にスター型

■LANの接続機器

名称	内容
LANカード	LANに接続するために、コンピュータへ設定する機器。LAN内で端末を一意に識別するMACアドレスが付与されている。
リピータ／リピータハブ	LANの伝送路の長さを伸ばすための機器。物理層に対応する。
ブリッジ／スイッチングハブ	LAN内のデータを中継するための機器。データリンク層に対応する。
ルータ	LANとインターネットなど異なるネットワークを接続するための機器。ネットワーク層に対応する。
ゲートウェイ	OSI基本参照モデルにおける全階層のプロトコルが異なるネットワークを接続するための機器。

■無線LAN

① 無線LANの概要

- 無線LANのメリット：端末の移動が容易
  設置が容易・迅速
  ケーブルスペースが不要
- 無線LANのデメリット：通信が不安定
  セキュリティ対策が必要

② 無線LANの通信規格

- IEEE802.11シリーズ

	IEEE802.11b	IEEE802.11g	IEEE802.11n	IEEE802.11ac	IEEE802.11ax
伝送速度	最大11Mbps	最大54Mbps	最大600Mbps	最大6.9Gbps	最大9.6Gbps
無線周波数	2.4GHz帯		2.4／5GHz帯	5GHz帯	2.4／5GHz帯

- IEEE802.11シリーズ以外

名称	特徴
Bluetooth	2.4GHz帯域の電波を用いた無線通信規格であり、携帯情報端末、デジタル家電、携帯電話などの通信機器をワイヤレスに接続する。通信可能距離は10m程度。機器間に障害物があっても問題なく通信を行える。IEEE802.15.1にて規格化されている。
IrDA	赤外線を用いた無線通信規格である。機器間に障害物があると通信に支障を来たす。
NFC（Near Field Communication)	2003年12月にISO/IEC 18092として勧告された、近距離無線通信の国際標準の一つである。非接触ICカードやスマートフォンなどで用いられている。通信距離は10cm程度に限定され、かざすだけで簡単にデータ通信を行えることが特徴である。
Wireless USB	USBを拡張した無線通信規格である。大容量のデータ転送用途を想定している。

③ 無線LANの接続形態

- アドホックモード：無線LANインタフェースを持つ端末だけで構

経営情報システム

成された接続形態
- **インフラストラクチャモード**：アクセスポイントを介して各端末が通信する接続形態

■WANの通信方式
① データの送受信方法による分類
- 回線交換方式
  通信相手までの物理的または論理的な伝送路を占有して通信を行う方式
- パケット交換方式
  データを小さな単位に分割して個別に送受信する方式
② 使用回線による分類
- 専用線
  通信事業者が提供する特定顧客専用の通信回線
- VPN（Virtual Private Network）
  専用線ではない不特定多数の利用者が存在するネットワークにおいて、暗号化技術や認証技術、トンネリング技術などのセキュリティ技術を用いて、仮想の専用線のように「閉じたネットワーク（Private Network）」を構築し、安全に通信を行う技術の総称

❺▶インターネットの概要
■インターネット接続サービス
① ブロードバンド通信サービス
- ADSL（Asymmetric Digital Subscriber Line）
  既存の電話回線を利用し、高速なデータ通信が可能なサービス
- FTTH（Fiber To The Home）
  光ファイバケーブルを各家庭に引き込むことで、高速なデータ通信が可能なサービス
② モバイル通信サービス
  モバイル通信である4G (4th Generation)、LTE（Long Term Evolution）、5G (5th Generation)、広範囲な高速通信網であるWiMAX（Worldwide Interoperability for Microwave

Access）などがある

■インターネット接続の仕組み

① IPアドレス
- インターネットに接続するコンピュータごとに割り振られる、識別のための数値（番号）。現在インターネットで用いられているIPアドレスはIPv4とよばれ、**32ビット**で表現される。
  従来のIPv4のアドレス不足を解消するため、**128ビット**で表現されるIPv6が策定されている。

② IPアドレスの種類
- グローバルIPアドレス：インターネットにアクセスするための世界中で重複することのないIPアドレス
- プライベートIPアドレス：企業などが自由に割当てを行うことができ、世界中で重複する可能性のあるIPアドレス

③ IPアドレスの変換

名称	内容
NAT	1つのグローバルアドレスに対して1つのプライベートアドレスが割り当てられる。
NAPT (IPマスカレード)	1つのグローバルアドレスに対して複数のプライベートアドレスが割り当てられる。

④ DHCP（Dynamic Host Configuration Protocol)：インターネットやLANなどに接続するPCに対してIPアドレスを始めとして、ホスト名や経路情報、DNSサーバの情報など、通信に必要な設定情報を自動的に割り当てるプロトコル

⑤ DNS（Domain Name System)：インターネット上のドメイン名とIPアドレスを対応させるプロトコル

⑥ URL（Uniform Resource Locator)：情報資源（文書や画像などのリソース）がインターネット上のどこにあるのかを示す記述形式

経営情報システム

■OSI基本参照モデル

ISO（国際標準化機構）によって策定された通信の規約（プロトコル）を実現するためのネットワーク構造の設計方針OSIに基づいて、コンピュータの持つべき通信機能を階層構造に分割したモデル、通信機能を7階層（レイヤ）に階層化

① OSI基本参照モデルの7階層

	層名	内容
第7層	アプリケーション層	具体的にどのようなサービスを提供するのか
第6層	プレゼンテーション層	データはどのような形式にするのか
第5層	セッション層	通信の開始から終了までをどのように管理するのか
第4層	トランスポート層	通信の信頼性はどのように確保するか
第3層	ネットワーク層	ネットワーク（LAN）とネットワーク（LAN）をどのように中継するか
第2層	データリンク層	同一ネットワーク（LAN）内でどのように通信するか
第1層	物理層	物理的にどのようにつなぐか

■TCP/IP（Transmission Control Protocol/Internet Protocol）

層	OSI 基本参照モデル	TCP/IP プロトコル
7	アプリケーション	アプリケーション
6	プレゼンテーション	
5	セッション	
4	トランスポート	トランスポート
3	ネットワーク	インターネット
2	データリンク	ネットワークインタフェース
1	物理層	

インターネットで標準的に使われるプロトコル体系で、4階層で構成されるプロトコル群

① プロトコル処理の流れ
- 送信側：上位層から渡されたデータに対して順番にヘッダを付加していく
- 受信側：ヘッダのプロトコル情報に基づいて処理を行った後、上位層にデータを渡していく

② データ単位（IPパケットとMACフレーム）
- IPパケット：インターネット層でIPヘッダが付加されたデータ単位
- MACフレーム：IPパケットにMACアドレスを含むイーサネットヘッダを付加してカプセル化したもので、ネットワークインタフェース層で転送されるデータ転送単位

③ 各層の役割
- ネットワークインタフェース層
  隣接する通信機器間で正しくデータ伝送するための伝送制御プロトコルや、ネットワーク媒体の物理的特性に対応するインタフェース仕様が規定されている
- インターネット層
  ルータで区切られた複数のネットワークを経由し、宛先ホストまでIPパケットを届けるために必要なプロトコルが規定されている
- トランスポート層
  インターネット層以下のサービスを利用して、アプリケーション間のデータ転送を制御するプロトコルが規定されている
- アプリケーション層
  Webサービス、電子メールサービス、リモートログイン、ファイル転送などに関するさまざまなアプリケーションプロトコルが規定されている

④ ポート番号
TCPかUDP通信において通信相手のアプリケーションを識別するために利用される番号

経営情報システム

⑤　ネットワークインタフェース層のプロトコル

名称	内容
PPP	ダイヤルアップIP接続やADSLなどで２つのネットワークを接続するために利用されるプロトコル。
イーサネット	LANの規格であり、媒体アクセス制御方式としてCSMA/CD方式を採用するプロトコル。

⑥　インターネット層のプロトコル

名称	内容
IP	ネットワークに接続している機器のアドレッシングや、IPアドレスに基づいて、ネットワーク内での最適な通信経路の選定（ルーティング）をするプロトコル。
ICMP	IPのエラーメッセージや制御メッセージを転送するプロトコル。
ARP	IPアドレスからMACアドレスを取得するためのプロトコル。ARPリクエストパケットをブロードキャスト（不特定多数の相手に向かってデータを送信すること）して、同一ネットワーク内の機器からARPリクエストパケットを受信し、宛先MACアドレスを取得する。

⑦　トランスポート層のプロトコル

名称	内容
TCP	TCPコネクションを確立し、転送を効率的にかつ正しく行うことを保証するコネクション型のプロトコル。
UDP	アプリケーション間でコネクション（セッション）を確立せずにデータ転送するコネクションレス型のプロトコル。

⑧　アプリケーション層のプロトコル

名称	内容
HTTP	WebブラウザとWebサーバ間で、ハイパーテキストを送受信するために使用されるプロトコル。
FTP	ファイルを転送するときに使われるプロトコル。

DHCP	インターネットやLANなどに接続するPCに対してIPアドレスを始めとして、ホスト名や経路情報、DNSサーバの情報など、通信に必要な設定情報を自動的に割り当てるプロトコル。
DNS	インターネット上のドメイン名とIPアドレスを対応させるプロトコル。
NTP	ネットワークに接続されている機器の内部時計を協定世界時に同期するために用いられる通信プロトコル。

⑨ 電子メール関連のプロトコル

名称	内容
SMTP	サーバ間でメールのやりとりをしたり、クライアントがサーバにメールを送信する際に用いるプロトコル。
POP3	サーバからメールを受信するためのプロトコル。
IMAP	サーバからメールを受信するためのプロトコル。POP3と異なり、タイトルや発信者を見て受信するかどうかを決めることができる。
MIME	電子メールの拡張規格であり、添付ファイルや各国言語を扱うことができる。 ※本来、電子メールが送受信できるのは7ビットASCIIコードの文字のみ。
S/MIME	MIMEの仕組みを利用して電子メールに暗号化と署名の機能を与えるプロトコル。

■インターネットで利用される技術

用語	内容
CGI (Common Gateway Interface)	Web サーバと外部アプリケーションとのインタフェース。CGI プログラムには Perl というスクリプト言語が多く利用されている。

経営情報システム

Cookie（クッキー）	Webサーバに対するアクセスがどの端末からのものであるかを識別するために、Webサーバの指示によってコンピュータ（クライアント側）にユーザ情報などを保存する仕組みである。
Ajax（Asynchronous JavaScript + XML)	JavaScriptの非同期通信を利用して、WebブラウザとWebサーバとの間で通信を行い、XML形式のデータをWebサーバとやり取りすることで、画面の一部を動的に再描写する仕組みである。

❻▶セキュリティ対策···

■セキュリティ対策の全体像

① セキュリティの3大対策

	内容	具体的な技術
暗号化	情報を第三者が盗み見た場合にもその内容を解読できないよう、データを加工すること。	共通鍵暗号方式 公開鍵暗号方式 SSL
認証	① ユーザ認証 システムの利用者が正当な本人であることを確認すること。 ② サーバ認証 通信先のサーバが正当な運営者であることを確認すること。 ③ メッセージ認証 データ内容の真正性を確認すること。	① ユーザ認証 　ワンタイムパスワード 　シングルサインオン ② サーバ認証 　電子署名 　SSL ③ メッセージ認証 　電子署名
アクセスコントロール	許可された利用者のみが情報にアクセスできるよう制御すること。	ファイアウォール IDS

② 情報セキュリティの3要素（ISO/IEC27002）

	内容
機密性 （Confidentiality）	許可された利用者のみが情報にアクセスできること。
完全性 （Integrity）	情報の正確さや完全さを確保・維持すること。
可用性 （Availability）	必要な時に確実に情報にアクセスできること。

③ 情報セキュリティの拡張要素（ISO/IEC JTC 1/SC27）

	内容
真正性 （Authenticity）	ユーザやシステムによる動作が意図どおりであること。なりすましや偽りの情報でないことが証明できること。
責任追跡性 （Accountability）	システムを介したユーザやサービスの動作が一意に追跡できることを保証すること。
否認防止 （Non-repudiation）	ある活動や事象について、その発生を後から否認されないように証明すること。
信頼性 （Reliability）	システムやプロセスが矛盾なく動作すること。一貫して動作すること。

■暗号化

暗号方式	特徴
共通鍵暗号方式	・暗号化と復号化に同一の鍵を用いる。 ・公開鍵暗号方式に比べ、暗号化や復号化に要する処理時間が短い。 ・DESが代表的なアルゴリズムである。

経営情報システム

公開鍵暗号方式	・暗号化と復号化に異なる鍵を用いる。片方の鍵は公開することが可能である。 ・共通鍵暗号方式に比べ、暗号化や復号化に要する処理時間が長い。 ・RSAが代表的なアルゴリズムである。
セッション鍵暗号方式（ハイブリッド方式）	・共通鍵暗号方式と公開鍵暗号方式を組み合わせた暗号方式。 ・送信するデータ自体の暗号化を共通鍵暗号方式で行う。 ・データの暗号化に用いる共通鍵を公開鍵暗号方式で暗号化して事前に共有する。

■認証

① ユーザ認証
- ワンタイムパスワード：
  1回限りの使い捨てパスワードを動的に生成し、そのパスワードおよびIDを用いて利用者の正当性を判断する技術
- シングルサインオン：
  ユーザが一度認証を受けるだけで、アクセスを許可されているすべての機能を利用できるようになる仕組み
- バイオメトリクス（生体）：
  認証にその人特有の身体的特徴を用いるもの
- チャレンジレスポンス方式：
  認証サーバが生成したチャレンジコードをクライアント側で加工してレスポンスコードを生成し、このレスポンスコードを認証サーバに送信して検証する認証方式

② サーバ認証
- SSL（Secure Socket Layer)：
  共通鍵暗号方式、公開鍵暗号方式、デジタル署名などのセキュリティ技術を組み合わせたプロトコル

プロトコル	内容
HTTPS	HTTP over SSL
FTPS	FTP over SSL
POP3S	POP3 over SSL
IMAPS	IMAP over SSL
SMTPS	SMTP over SSL

- EV SSL（Extended Validation SSL）：
  中間者攻撃（盗聴、改変、なりすまし等）を回避するため、通信相手の認証機能を厳格化した仕組み
③ メッセージ認証
- **電子署名（デジタル署名）**：
  「相手の正当性」と「情報の改ざんの有無」を確認するための認証技術

■アクセスコントロール
① **ファイアウォール**

組織内部のLANとその外部に広がるインターネットとの間に、外部からの不正アクセスを防ぐ目的で設置されるルータやコンピュータまたはその仕組み。

名称	内容
ルータのパケットフィルタリング機能	パケットの宛先など調べて、通過させてよいパケットは通過させ、通過させてはいけないパケットは通過させない機能。
プロキシサーバの機能	インターネットとのやりとりを仲介する機能であり、アプリケーションゲートウェイともよばれる。プロキシサーバを導入することにより、次の３つの効果を得ることができる。 ① 内部ネットワークのセキュリティ向上 　企業内のクライアントPCがインターネットにアクセスする際、プロキシサーバが通信の代理を行うことで、内部ネットワークを隠蔽することが可能になる。

経営情報システム

プロキシサーバの機能	② アクセスの高速化 　プロキシサーバには、一度アクセスしたWebページの情報などを保存しておくキャッシュ機能が備わっている。同一の資源にアクセスをする場合、インターネット上のサーバからではなく、プロキシサーバ上のキャッシュから情報を取得するため、アクセスが高速化される。 ③ 統制力の強化 　プロキシサーバには、URLリストとの照合によって不適切なWebサイトへのアクセスをブロックするURLフィルタリング機能が備わっている。閲覧を禁止したいWebサイトのURLを事前に登録しておくことにより、業務中のPCの私的利用を防ぎ、組織としての統制力を強化することができる。

② DMZ（DeMilitarized Zone：非武装地帯）
- 外部ネットワークと社内ネットワークの中間に置かれる区域
- Webサーバ、メールサーバなどインターネットに公開しなければならないサーバを設置する
    ➡ 公開するサーバが攻撃にあった場合でも、内部ネットワークに被害が及ばないようにする

③ IDS（Intrusion Detection System）
不正アクセスを監視する侵入検知システム

IDS はその監視方法によって、ネットワーク型の IDS とホスト型の IDS に分類される。

種類	内容
ネットワーク型	ネットワーク中（回線上）を流れるパケットを監視し、不正アクセスを検出する。専用機を用いるのが一般的である。
ホスト型	保護したいコンピュータそれぞれにIDS用のソフトウェアをインストールする方法である。IDSソフトウェアは、各コンピュータのアクセスログの内容やファイルの変更有無などを監視する。

■無線LANのセキュリティ対策

① SSID：アクセスポイントを識別するためのID

② MACアドレスフィルタリング：
無線LAN端末のMACアドレスをアクセスポイントに事前登録し、許可されたMACアドレスをもつ端末以外は接続できないようにする技術

③ WEP：無線LAN規格（IEEE802.11）で規格化されている暗号化方式の１つ

④ WPA：WEPのセキュリティ上の問題点を解消した規格。一定時間ごとに暗号化鍵を自動的に更新し、通信データの改ざんを検知するTKIP（Temporal Key Integrity）という暗号化方式の採用が義務化されている

⑤ WPA2：WPAの後継規格。暗号化方式CCMPの採用が義務化され、より強力なアルゴリズムであるAESで暗号化を行う

⑥ WPA3：WPA2で発見された脆弱性を解消するために、2018年に発表された無線LANの暗号化技術

■ネットワーク犯罪の代表的な手口

① 基本的な攻撃

名称	内容
盗聴	通信経路上を流れる情報を傍受し、不正に情報を取得する行為。
なりすまし	IDおよびパスワードを不正に取得して正当なクライアントユーザになりすましたり、正規サイトのホームページをコピーして正当なサーバになりすましたりする行為。
フィッシング	著名な企業や団体のメールアカウントやWebサイトを装い、機密情報を奪取する詐欺。メールのリンクから偽サイト（フィッシングサイト）に誘導し、そこで個人情報を入力させる手口が一般的である。

改ざん	保存済み、あるいは提出するデータを意図的に書き換える行為。一般的に悪質な行為を指す。Webサイトに侵入して管理者権限でページ上の記載を書き換える、メールサーバに侵入してメールの内容を書き換えるなどの手口がある。
踏み台	あるサーバのセキュリティホールを悪用し、第三者へ攻撃する行為。踏み台にされたサーバがもともとの被害者であるにもかかわらず、実際に攻撃を受けた側からは踏み台にされたサーバの攻撃に見えてしまう。踏み台を利用した攻撃に、スパムメール、DoSやDDoSなどのサービス妨害攻撃などがある。
ポートスキャン	サービスを提供するサーバに対し、攻撃に適するポートが開いていないかを調べる行為。サーバは、目的のサービスを提供するためのアプリケーションプログラムを起動し、クライアントがそのアプリケーションプログラムと通信するために必要なポートを開いている。ポートスキャン攻撃では、攻撃対象のサーバにおいて、通常のサービス以外のアプリケーションが起動され、攻撃に適したポートが開いていないかを調べるために、OSやさまざまなアプリケーションのポート番号に対して攻撃を試みる。もし、サーバ側から応答があれば、そのポートは開いており、攻撃のための通信が可能であることがわかる。

② サービス妨害攻撃

名称	内容
DoS攻撃 (Denial of Service attack)	大量のアクセスや大容量のデータを送りつけるなどの方法でサーバコンピュータを高負荷状態に陥らせ、サービス提供を妨害する手口。システムの可用性が失われることになる。

DDoS攻撃 (Distributed DoS攻撃、 分散Dos攻撃)	多数の攻撃用コンピュータを事前に用意し、攻撃者の指示により一斉にDoS攻撃を行う手口。コンピュータを不正に遠隔操作する不正プログラム、ボットに感染したコンピュータなどが用いられる。

③ コンピュータウィルス（マルウェア）

名称	内容
トロイの木馬	有用なソフトウェアを装い、データの破壊、改ざん、詐取といった悪意ある動作を行うプログラム。
ワーム	自身のコピーを電子メールに添付するなど、主にネットワークを介して他のシステムに感染し、自己増殖を繰り返すプログラム。USBメモリなどに感染し、外部記憶媒体を接続した時の自動実行機能を悪用してシステム間を感染するUSBワームなどもある。
キーロガー	キーボードの操作を不正に記録するプログラム。
ボット	攻撃者から遠隔操作され、指示された動作を行うプログラム。他のシステムを攻撃するための踏み台などに利用される。
ダウンローダ	一度感染すると、別の不正プログラムをダウンロードするプログラム。
スパイウェア	ユーザやシステムの情報を不正に収集するプログラム。統計情報の収集を行う比較的無害なものやクレジットカード番号などを詐取する悪質なものなど、多くの種類がある。
アドウェア	画面に広告などを表示するプログラム。使用許諾に広告の表示を含めているものもあり、一概に不正プログラムとはいえない。
マクロウイルス	表計算ソフトやワープロソフトのマクロ（自動化）機能を悪用した、データファイルに感染するプログラム。

経営情報システム

	感染したコンピュータ内のファイルを閲覧・編集できない
ランサムウェア	形に暗号化し、暗号化されたファイルの復号の身代金（ランサム：ransom）として、マルウェアの制作者に金銭を支払うよう要求するプログラム。通常のマルウェアと同様に、メールやWebサイトの閲覧により感染する。

④　Webアプリケーションへの攻撃

名称	内容
セッションハイジャック	クライアントとサーバなどの、通信を行っている2者間に割り込み、接続（セッション）を乗っ取る手口。通信の識別番号であるセッションIDの推測や不正取得により、利用者になりすます方法などがある。
ディレクトリトラバーサル	入力データにファイルへのパスを含むアプリケーションに対し、意図されていないようなパスを直接指定することにより、本来はアクセスできないはずのファイルに直接アクセスする手口。
SQLインジェクション	入力された文字列をそのままSQL文に連結するような脆弱性を持つWebサイトに対し、SQL文の一部となるようなデータを入力し任意のSQLを実行させる手口。
クロスサイトスクリプティング **(XSS：Cross Site Scripting)**	標的となるWebサイトに対して不正なスクリプトを含んだデータを送信させるよう利用者を誘導し、不正なスクリプトを利用者のブラウザ上で実行させる手口。攻撃を受けると、標的サイトが発行したWebブラウザ上のクッキーが詐取され、個人情報が漏えいするなどの被害が発生する。
クロスサイトリクエストフォージェリ (CSRF：Cross Site Request Forgeries)	攻撃者が標的Webサイトへのリクエストを自動送信する罠・スクリプトをWebサイトに仕掛けておき、罠を仕掛けたWebサイトを訪れたユーザに意図しない操作を標的Webサイトに行わせる手口。

クリックジャッキング	罠を仕掛けたWebサイトを表示しているユーザが行ったクリックなどの操作によって、標的Webサイトに対する操作を行わせてしまう手□。
中間者攻撃	Webサーバとクライアント（PC・Webブラウザ）の通信の間に攻撃者のコンピュータが割り込み、そのコンピュータが正規のクライアントとして動作し通信データを窃取するなどの手□。

⑤　非技術的な攻撃

名称	内容
ソーシャルエンジニアリング	話術や盗み聞き、盗み見などの非技術的な方法により、組織内部の人間からパスワードや機密情報のありかを不正に聞き出す手□の総称。
スキャベンジング	システム内部やその周囲に残るデータ、不要物などから情報を入手する手□。ゴミ箱あさりともよばれる。
ショルダーサーフィン（ショルダーハッキング）	他人のPC操作や画面などを盗み見てパスワードなどの重要情報を盗む手□。

⑥ その他の攻撃

名称	内容
標的型攻撃	特定の組織が保有している機密情報や個人情報の窃取を目的として、特定の企業、組織を狙うサイバー攻撃。攻撃手段は電子メールやWebサイトなど多岐にわたり、攻撃者は目的を果たすために、調査段階から長期に攻撃を継続するという特徴がある。

❼▶システム構成技術……………………………………
■システムの処理形態
①　処理タイミングによる分類
　● バッチ処理

経営情報システム

一定期間（もしくは一定量）データを集め、一括処理する方式。給与計算、請求処理、試験の結果集計などに向く。

● リアルタイム処理

処理をためずに、処理要求が発生したらすぐに処理する方式。座席予約、ATM、荷物追跡などの処理に向く。リアルタイム処理のうち、トランザクション単位で各端末からの要求を順次処理していく方式を OLTP（On-Line Transaction Processing）という

② 処理分担による分類

● 集中処理

ホストが集中して処理を担い、ホストが停止するとすべての処理が停止する

● 分散処理

ネットワーク接続された複数のコンピュータで処理を分散して実行する方式

	集中処理	分散処理
システム開発	大規模になる	個々は小規模である
レスポンスタイム	速い	比較的遅い
データの一貫性	保ちやすい	矛盾を回避する手段が必要
システムの信頼性	故障がシステム全体に影響する	故障の影響が局所的
システムの柔軟性	システム移行が大がかりになる	部分的なシステム移行が可能
システム管理	一元管理できる	管理業務が分散する

● クライアントサーバシステム（CSS）

1）サービスを要求し提供を受ける側（クライアント）とサービスを提供する側（サーバ）という役割で分担

2）サーバの種類：プリントサーバ、データベースサーバ、ネットワークサーバなど

■クライアントサーバシステムの構成技術

① 2層アーキテクチャ

- アプリケーションソフトウェアがもつ機能をデータベース層／ファンクション層／プレゼンテーション層の3つに分割し、サーバ側にデータベース層を、クライアント側にファンクション層およびプレゼンテーション層の役割をもたせ、2層構造で連携処理するシステム

- クライアントに高性能なPCを要求し、クライアント数が多い場合にはコスト高となる（ファットクライアント）

- サーバのプログラムに変更がある場合、すべてのクライアントPCに搭載されているファンクション層のプログラムを変更する必要があり、保守作業の負担が大きい

② 3層アーキテクチャ

- データベース層をデータベースサーバに、ファンクション層をアプリケーションサーバに、プレゼンテーション層をクライアントにそれぞれ役割分担させ、3層構造で連携処理を行うシステム

- クライアントPCは比較的低性能でよく、クライアント数が多い場合にも低コストが実現する（シンクライアント）

- サーバ上のデータベース構造やデータ加工ロジックを変更してもクライアント側のプログラムに与える影響が小さく、保守性が高い

■Webアプリケーションの構成技術

① SOA（Service Oriented Architecture）

システムの単位（受注システムなど）をサービスという概念でとらえ構築する設計手法。サービスとは、外部から一定の手順によって呼び出すことができるシステムの集合であり、サービス同士を結びつけることで処理の相互利用を可能とする。

SOAを実現する具体的な技術基盤の標準として、Webサービスがある。

② Webサービス

Webサーバ間でWebアプリケーションを連携したもの

経営情報システム

名称	内容
SOAP	Webアプリケーションの連携に必要なXML ドキュメントの交換を行うためのプロトコルのこと
WSDL	プログラムからWebサービスを呼び出すインタフェースを記述するための仕様のこと

■システムの評価

① 性能評価

- **スループット**

　　コンピュータシステムによって単位時間あたりに処理される仕事の量のこと

- **レスポンスタイム（応答時間）**

　　コンピュータシステムに対して、端末からある処理の要求を出し終えた時点から、その応答が始まるまでの時間のこと

- **ターンアラウンドタイム**

　　コンピュータシステムに対して、端末からある処理の要求を開始した時点から、その結果の出力が終わるまでの時間のこと

② 性能を高める技術

- スケールアウト

　　サーバの台数を増やすことでシステム全体の性能を向上させること

- スケールアップ

　　サーバの台数を増やすことなく、CPU・主記憶装置・補助記憶装置を高性能なものにするなど、既存のサーバを機能強化してシステム全体の性能を向上させること

③ 信頼性評価

- **RASIS**

「R」Reliability（信頼性）：どのくらい故障しないで稼働するか

　平均故障間隔（MTBF）＝使用時間の和÷故障回数

「A」Availability（可用性）：どのくらいシステムを利用できるか

　稼働率＝MTBF÷（MTBF＋MTTR）

「S」Serviceability（保守性）：故障した場合、どれくらい早く修復できるか

平均修理時間(MTTR)＝修復時間の和÷故障回数

「I」Integrity（完全性／保全性）：システムの正確さ、仕組みとしての一貫性・完全性

「S」Security（安全性）：システムのセキュリティ、安全性

■障害対策の手法

① 障害に対する考え方

● **フォールトトレランス**

　　障害が発生した場合にも、運転を継続できるシステムを設計しようとする設計概念

　1）**フェイルセーフ**

　　　故障や障害が発生した場合、故障や障害による被害が拡大しない方向に制御すること、またはその設計概念

　2）**フェイルソフト**

　　　故障や障害が発生した場合、システムの全面停止を避け、機能を低下させても運転を継続させること、またはその設計概念

● **フォールトアボイダンス**

　　故障が発生した時に対処するのではなく、品質管理などを通じてシステム構成要素の信頼性を高める設計概念

■障害対策の技術

① 代表的な障害対策技術

名称	内容
UPS	停電などのときに、一定時間電力の供給を行う装置。
ミラーリング	ハードディスクを2重化することで、ハードディスクの障害に備える技術。
デュプレキシング	ハードディスクおよびインタフェースを2重化することで、ハードディスクの障害に備える技術。

経営情報システム

RAID	複数のディスク装置を用いて読み書きの高速化や障害に対する信頼性を高める技術。冗長構成の方法、データの記憶方法、パリティビット（冗長情報）の有無、記憶位置の違いによりRAID0～6に分類される。読み書きの高速化には**ストライピング**という技術が、信頼性向上には**ミラーリング／パリティ**という技術がそれぞれ利用されている。
デュアルシステム	システムを構成する全装置を2重化し、各系統が同じ処理を行って、その処理結果を照合するシステム構成。
デュプレックスシステム	現用系と待機系の2系統のシステムから構成され、正常時は現用系でオンライン処理を行い、待機系でバッチ処理などを行うシステム構成。現用系が故障した場合は、待機系に切り替えて処理を続行する。デュプレックスシステムにおいて、待機系システムの待機の方式には**コールドスタンバイ**、**ウォームスタンバイ**、**ホットスタンバイ**の3方式がある。
ロードシェアシステム	2つ以上の複数の処理系をもち、ロードバランサなどを用いて各処理系に負荷を分散させることで処理効率や信頼性の向上を図るシステム構成。負荷分散システムともよばれる。

② デュプレックスシステムにおけるスタンバイ方式

方式	待機系システムの状態		
	電源	現用系システム上で稼動する処理	障害発生時の対応
コールドスタンバイシステム	オフ	起動せず	電源を入れ、現用系システム上で稼動する処理を待機系システム上で起動して処理を引き継ぐ。
ウォームスタンバイシステム	オン	**起動せず**	現用系システム上で稼動する処理を待機系システム上で起動して処理を引き継ぐ。

ホットスタンバイ システム	オン	起動	即座に処理を切り替える。

❽▶プログラム言語

■プログラム

コンピュータが処理する手順を、プログラム言語で記述したもの

アルゴリズム：コンピュータで処理を実行させるために、あらかじめ
定めておく一連の処理手順

■代表的なプログラム言語

① 低水準言語と高水準言語

分類		名称	内容
低水準言語		機械語	CPUが直接解釈できる言語。 機械語はCPUによって異なる。
		アセンブラ	命令が機械語と1対1になっている言語。
高水準言語	手続き型 言語	FORTRAN	科学技術計算に適している。
		COBOL	事務処理計算に適している。
		C	アメリカ規格協会（ANSI）によって標準化され、国際標準化機構（ISO）や日本産業規格（JIS）にも標準として採用されている。UNIXはC言語で記述されている。
		BASIC	初心者向けとして広く普及しているインタプリタ言語。
	非手続き型 言語	C++	C言語にオブジェクト指向の考え方を取り入れた言語。
		Java	C++を元にして、オブジェクト指向の考え方を取り入れた言語。
		Objective-C	C言語をベースにSmalltalk言語の特徴を取り入れたオブジェクト指向型言語。Mac OSに標準付属する公式開発言語であり、iPhone用アプリケーションの開発などに用いられている。

② Java
- 特定のOSに依存しない
- 汎用性が高い
- オブジェクト指向による開発に適している
- ネットワーク環境で利用されることを意識した仕様

- Javaに関連する技術

名称	Java
Javaアプレット	要求に応じてクライアント側へダウンロードされ、クライアントによって実行されるプログラム。
Javaサーブレット	サーバ側に常駐して動作し、各クライアントからの要求を受けて処理を行うプログラム。
JDBC	JavaプログラムからリレーショナルデータベースにアクセスするためのAPI。

■スクリプト言語

スクリプト言語	特徴
JavaScript	Webページ内でHTMLとともに記述し、クライアント側で動作する言語。Java言語の文法を参考にしているが、互換性は全くない。
Perl	テキストの検索や抽出、レポート作成に向いた言語。CGIの開発やUNIX用のテキスト処理などに用いられる。
PHP	Webページ内でHTMLとともに記述し、サーバ側で動作するサーバサイドスクリプト言語。Webアプリケーション開発に特化しており、データベースとの連携も容易である。
Ruby	オブジェクト指向プログラミングを実現するための種々の機能を有する言語。「まつもとゆきひろ」氏が開発しているフリーソフトウェア。
Python	C言語などに比べて少ないコード行数で書ける言語。汎用性が高く、近年では機械学習やディープラーニング（深層学習）で利用されている。

■マークアップ言語

マークアップ言語	特徴
SGML	ISOの国際規格に制定された文書の構造を記述するマークアップ言語、HTMLやXMLのもとになった言語である。
HTML	Webページを記述するためのマークアップ言語である。
XML	ユーザが独自のタグを指定できるメタ言語（言語を記述するための言語）である。

① HTMLに関連する用語

名称	内容
CSS (Cascading Style Sheet)	Webページのレイアウトを定義する規格。CSSを使うとフォントの種類や形状、サイズ、背景カラーやイメージなどの設定が容易にでき、複数ページにわたって統一した表現を実現できる。
CMS (Contents Management System)	Webのデザイン、レイアウト、テキスト、画像などのコンテンツ情報のすべてを管理し、これらを編集したり、HTML情報として表示したりするシステムである。
DHTML (Dynamic HTML)	HTMLでは不可能だった画像や文字などの自由な位置調整や移動など動的表現が可能となるマークアップ言語。
VRML (Virtual Reality Modeling Language)	テキスト形式で3次元グラフィックスデータを記述できるようにしたWebページ記述言語。
XHTML (eXtensible HTML)	Webページを記述するための言語であるHTMLを、XMLに適合するように定義し直したマークアップ言語。
SSI (Server Side Include)	HTMLファイルの中に組み込みコマンドを書くことによって、サーバ側でコマンドを実行し、結果をその場所に挿入してからクライアントに送信する技術。

経営情報システム

HTML5	HTMLの5回目の改訂版。HTML5では別のアプリケーションをインストールさせることなく、スマートフォンやコンピュータのブラウザ上でさまざまなコンテンツを動作させることができる。

② XMLに関連する用語

名称	内容
MPEG-7	動画ファイルのデータ形式。動画の圧縮仕様を定めたものではなく、XMLにてマルチメディアデータに情報を付加するための記述方式。
XMLデータベース	XMLを取り扱う機能を保持した（XML形式のデータを記録・検索するための）データベース。 ● ネイティブ方式：XMLデータを取り扱うためのデータベースをゼロベースで構築した方式。 ● ハイブリッド方式：既存のリレーショナルデータベースなどにXMLデータを格納できるように設計した方式。
Ajax	JavaScriptの非同期通信を利用して、WebブラウザとWebサーバとの間で通信を行い、XML形式のデータをWebサーバとやり取りすることで、画面の一部を動的に再描写する仕組み。
SOA	システムの単位をサービスという概念で捉え構築する設計手法。開発効率を重視して、XMLベースの部品を柔軟に組み合わせて構築する。
SOAP	Webサービスの連携に必要なXMLドキュメントの交換を行うためのプロトコル。
SMIL (Synchronized Multimedia Integration Language)	マルチメディアを用いたプレゼンテーション情報をXML形式で記述するための言語仕様。XMLはテキストデータであるが、SMILを用いるとXML形式にて図形や音声データを扱うことができる。

SVG (Scalable Vector Graphics)	XMLをベースとした、2次元ベクターイメージ用の画像形式。
RSS (RDF (Resource Description Framework) Site Summary)	多数のWebサイトの更新情報を統一的な手法で効率的に把握するための技術。Webサイトの見出しや要約などのメタデータを構造化して記述するXMLベースのフォーマットを使用している。
XSL (eXtensible Stylesheet Language)	XML文書のレイアウトを記述する言語。
XBRL (eXtensible Business Reporting Language)	各種財務報告用の情報を作成・流通・利用できるように標準化されたXMLベースの言語。XBRLで記述された報告書には各数値に意味内容が含まれているため、それを元に集計を行い、分析を効率的に行うことができる。米国の公認会計士などが中心となり、世界各国で導入されている。我が国においても、金融庁や日本銀行などが導入を進めている。

■言語プロセッサ

① 言語プロセッサ：プログラム言語で書かれたプログラムを機械語に変換するソフトウェア

② 言語プロセッサの種類

名称	内容
アセンブラ	アセンブラ言語で記述されたプログラムを変換
コンパイラ	原始プログラムを目的プログラムに一括変換 C言語、FORTRAN、COBOLなど、主に手続き型言語に適用
インタプリタ	命令を1つずつ解釈して実行 BASIC、Perlなど、主にスクリプト言語に適用

経営情報システム

第2章 システム・ソフトウェア開発

❶ ▶ 開発方法論 ···

■開発モデル

名称	内容
ウォーターフォールモデル	「基本計画（要求分析／要件定義）」「外部設計（概要設計）」「内部設計（詳細設計）」「プログラミング設計」「プログラミング」「テスト」など、作業工程を時系列に分割し、順を追って実施するモデル。 工程全体が見通しやすく、スケジュール管理やコスト管理が容易。工程の後戻りが許されず、柔軟な対応が難しい。
プロトタイプモデル	試作品（プロトタイプ）を作成し、ユーザ要求の明確化、ユーザのプロジェクト参画意識の向上を図る。
スパイラルモデル	中核となるサブシステムをまず開発して、設計→プログラミング→テスト→評価という工程を一連のサイクルとして繰り返しながら、開発を進めていくモデル。

■アジャイル（agile）開発プロセス

アジャイル（迅速／俊敏）にソフトウェアを開発することを可能にするさまざまな手法の総称

① アジャイル開発プロセスの4つの価値
　1）プロセスやツールより人と人同士の相互作用を重視する。
　2）包括的なドキュメントより動作するソフトウェアを重視する。
　3）契約上の交渉よりも顧客との協調を重視する。
　4）計画に従うことよりも変化に対応することを重視する。

② 代表的な開発手法

手法	概要
XP (エクストリーム プログラミング)	アジャイル開発プロセスの先駆けとなった手法であり、単純さ、コミュニケーション、フィードバック、勇気、尊重の5つの価値を重視した手法。19のプラクティスを定義している。
スクラム	開発チームの密接な連携を前提にする開発手法であり、顧客の要求変化や技術の変化など、予測が難しいプロジェクトの運営に適した手法。
クリスタル	定まったソフトウェア開発プロセスを持たない組織が、アジャイル開発プロセスを試験的に導入する際に用いられる手法。
FDD (Feature Driven Development：フィーチャ駆動開発)	比較的大規模なプロジェクトにも適用可能な手法であり、開発プロセスが非常にコンパクトで明確に定義されている。ユーザにとっての機能価値（＝フィーチャ）を基本単位として開発を進める点が特徴である。
ASD (Adaptive Software Development：適応型ソフトウェア開発)	大規模で複雑であり、速さや激しい変化への対応を求められるプロジェクトに適した手法である。
LSD (Lean Software Development：リーンソフトウェア開発)	ソフトウェアプロセスから無駄を取り除くことを目的とした手法であり、製造業を中心に展開されているリーン生産方式の考え方（リーン思考）を、ソフトウェア開発に応用したものである。

経営情報システム

■開発アプローチ

名称	内容
POA	業務プロセスの段階的詳細化、データの流れの把握。
DOA	データのモデル化、業務処理の変更に柔軟に対応可能。
OOA	手続きとデータを一体化したオブジェクトを対象。 データとメソッドを一体化することを**カプセル化**という。

■モデリング技法

ソフトウェア開発の設計においては、業務プロセスや業務上発生するデータなどを図式化（モデリング）する

① **DFD（Data Flow Diagram）**：システムの持つ機能（処理）とデータの流れを示す図式化技法。DFDは時間的情報を表現するものではない。

② **E-Rモデル（Entity-Relationship model）**
   - E（エンティティ・実体）：対象となるモノや人を表す
   - R（リレーションシップ・関係）：エンティティ間の関係を表す
   - アトリビュート（属性）：エンティティが持つ属性
   - E-R図：複数のエンティティ同士の関連を図示したもの

③ **UML（Unified Modeling Language）**
   オブジェクト指向のソフトウェア開発における、プログラム設計図の統一表記法

図表名	特徴
ユースケース図	システムと利用者とのやり取りを表現する図である。
クラス図	概念・事物・事象とそれらの間にある関連を表現する図である。
オブジェクト図	システムのある時点におけるオブジェクト間の関係を記述する図である。
シーケンス図	オブジェクト間で発生するメッセージのやり取りを時系列に並べた図である。

コミュニケーション図	オブジェクト同士の相互作用を表現するための図である。
ステートマシーン図	システム内部の振る舞いを表現するためのもので、ユースケースをまたがったオブジェクトごとの状態遷移を表現する図である。
アクティビティ図	「オブジェクトがどのような処理をするか」といった活動の流れや業務の手順を表現する図である。
コンポーネント図、配置図	オブジェクトやコンポーネントの物理的な配置関係を記述する図である。
コンポジットストラクチャ図	クラスやコンポーネントの内部構造を静的に記述する図である。
タイミング図	システムの動作を、時間とともに記述する図である。
インタラクションオーバービュー図	システムの相互作用の流れを大まかにつかむための複合図である。

■テスト方法

テスト工程	テストケース	テスト主体
単 体 テ ス ト	ホワイトボックス	開発者 （システムインテグレータ）
結 合 テ ス ト	ブラックボックス	
システムテスト		
承 認 テ ス ト		利用者 （エンドユーザ）
運 用 テ ス ト		

① テストケースの設計

	ホワイトボックステスト	ブラックボックステスト
着 眼 点	プログラムの内部構造	プログラムの外部仕様
テストの網羅性	高い	低い
テスト実施の負荷	高い	低い

経営情報システム

② 単体テスト（モジュールテスト）

単体テストでは、各モジュールの品質を、機能、構造の2つの側面から検証する。この際、機能を検証するためにブラックボックステストが、構造を検証するためにホワイトボックステストが用いられる。

③ 結合テスト（モジュール集積テスト）

- トップダウンテスト：上位のモジュールに順次下位モジュールを結合させていく方法

  下位モジュールがすべてそろわない場合は、テスト用のモジュールであるスタブを利用する。

- ボトムアップテスト：下位モジュールから順次上位モジュールを結合していく方法

  結合すべき上位モジュールがまだ作成されていない場合、テスト用のモジュールであるドライバを利用する。

- 一度にすべて結合してテストする方法：ビッグバンテスト、一斉テスト

④ システムテスト（総合テスト）

サブシステムおよびシステム全体について行うテスト

⑤ 承認テスト（検収テスト）

検収時（システム開発部門からユーザ部門にシステムを引き渡すとき）に行うテスト

⑥ 運用テスト（導入テスト）

ユーザ部門で、システムを運用しながら行うテスト

❷▶開発に関するガイドライン……………………………………
■システム開発全般

名称	内容
PMBOK (Project Management Body of Knowledge)	アメリカのプロジェクトマネジメント協会（PMI：Project Management Institute）が提唱する、プロジェクトマネジメントのための標準的なフレームワーク。ISO10006のベースになっている。 2017年9月に発行された「PMBOKガイド第6版（日本語版）」では、プロジェクトマネジメントを**5のプロセス群**および**10の知識領域**に区分している。
リスクマネジメント	独立行政法人情報処理推進機構（IPA）によるリスク対応では、リスク評価の作業で明確になったリスクに対して、どのような対処を、いつまでに行うかを明確にする。対処の方法には、大きく分けて**「リスクの低減」「リスクの保有」「リスクの回避」「リスクの移転」**の4つがある。
共通フレーム2013	共通フレーム2013（SLCP-JCF2013：Software Life Cycle Process - Japan Common Frame2013）は、作業工程、開発モデル、開発技法などに依存しないガイドラインであり、システム開発作業全般にわたって、システム発注側（ユーザ側）と受注側（ベンダ側）に共通の物差しや共通語を提供するものである。

経営情報システム

■システム開発見積り技法関連

名称	内容
COCOMO	B.W.ベームが提案した代表的な統計的コスト見積りモデル。ソフトウェアの生産性に影響を与えるさまざまな要因を明らかにし、開発形態や開発規模に応じたモデル式によって、ソフトウェア開発の工数や期間を推定する。
ファンクションポイント法	ソフトウェアが持つ機能（ファンクション）に基づいて、システムの開発規模を見積る方法。開発規模が不透明な場合にも適用できる、ユーザの理解を得やすい、開発の初期段階から採用できるなどの特徴がある。
LOC法 (Lines Of Code法)	プログラムの行数により開発規模を見積る手法。
ボトムアップ法 (標準タスク法)	プロジェクトの成果物の構成要素を洗い出し、それぞれに必要な工数などを見積って積み上げる見積り手法。
トップダウン法	全体システムを見積り可能なサイズのソフトウェアコンポーネントに細分化する見積り手法。
類推法	過去の類似プロジェクトの実績を基礎に見積る方法。
CoBRA法	経験豊富なプロジェクトマネージャなどの見積り熟練者の経験および知識を抽出し、それを変動要因として定義・定量化することで、透明性と説明性が高いコスト見積りを実現する方法である。開発工数は開発規模に比例することを仮定するとともに、さまざまな変動要因によって工数増加が発生することを加味している。

109

■上流工程

名称	内容
非機能要求グレード	非機能要求とは、システムが実現する業務機能以外の要求を指し、稼働率や障害対策など、システムの信頼性や安全性に関する要求が該当する。システム開発に係る工数や費用を正確に把握するためには、要件定義において非機能要求をいかに洗い出せるかが鍵となる。非機能要求グレードでは、ユーザとベンダ間で非機能要求を合意し、認識のズレをなくすことを目的としており、以下の方針のもとで非機能要求を整理している。 ・非機能要求の項目を、定量的に表現できる指標で表す ・各項目について、コストやアーキテクチャのギャップに応じてレベルを設定する 非機能要求グレード2018では、新たなセキュリティ脅威の増大やクラウドコンピューティングの台頭の変化に対応するために、非機能要求グレードのツール群を改訂した。主な改訂内容は、「セキュリティ」と「仮想化」に関するものである。
超上流から攻めるIT化の原理原則17ヶ条	システム開発において、基本計画（要求分析／要件定義）以前の工程を超上流工程とよぶことがある。具体的には、システム構想フェーズおよびシステム構築フェーズの基本計画（要求分析／要件定義）工程が該当する。独立行政法人 情報処理推進機構（IPA）では、「超上流から攻めるIT化の原理原則17ヶ条」として、超上流工程で留意すべき点や超上流工程の重要性を示している。

経営情報システム

BABOK (Business Analysis Body of Knowledge)	非営利団体IIBA（International Institute of Business Analysis）により策定された、ビジネス分析のための知識体系。BABOKでは、ビジネス分析を行うために必要となるタスクやテクニックがまとめられている。2015年にVersion 3.0が発行された。「ビジネスアナリシス知識体系ガイド（BABOKガイド）Version 3.0」では、ビジネス分析の実践者が理解しておくべきこと、および実行すべきタスクを6つの知識エリアに分けてまとめている。また、新しいソリューションを実現するための要求を4つに分類しており、要求を明確にすること、プロジェクトにおけるすべてのステークホルダーが要求を確かに理解できるようにすることが、ビジネス分析の主要な目標のひとつであるとしている。

■プロジェクト進捗管理

名称	内容
WBS **(Work Breakdown** **Structure)**	プロジェクトの目標達成に必要な作業項目をトップダウン的に階層構造で表現したもの。各作業項目には作業内容、完了基準、成果物、完了日、予算などの目標値を設定しておき、各作業項目の進捗を管理する。
ガントチャート	縦軸に作業項目、横軸に日付（時間）を取り、作業別に作業（タスク）内容とその実施期間を棒状に図示したもの。各作業の開始日と終了日や計画と実績の差異を表現しやすく、個人やグループの進捗管理に利用される。
トレンドチャート	横軸に開発期間、縦軸に予算消化率をとって表した折れ線グラフで、費用管理と進捗管理を同時に行うために利用するチャートである。

EVMS **(Earned Value** **Management** **System)**	プロジェクトにおける作業実績を金銭価値に換算して、定量的にコスト効率とスケジュール効率を評価する手法である。コストの実績（Actual Cost）と作業実績（Earned Value）から進捗状況を計測し、プロジェクト計画時の予算（Budget At Completion）との差を測ることで、コスト管理やスケジュール管理を行う。

■プロジェクト組織のプロセス成熟度評価

名称	内容
CMMI (Capability Maturity Model Integration)	米カーネギーメロン大学ソフトウェア工学研究所が開発した、ベンダの組織およびプロジェクトのプロセス改善の成熟度を定量的に表すモデルCMM（Capability Maturity Model）に、有識者の意見や多くのプロセス改善事例を反映させて作成された新しい能力成熟度モデル。
SPA (Software Process Assessment)	組織のソフトウェア開発プロセスの成熟度を評価するためのフレームワーク。国際規格ISO/IEC 15504に準拠している。

■ソフトウェア開発関連の規格

名称	内容
ソフトウェア製品の品質（JIS X 0129-1)	ソフトウェア製品に求められる品質を6つの主特性およびそれを細分化した副特性に分けて定義している。
ソフトウェア保守の区分（JIS X 0161)	ソフトウェアの保守作業を4つの区分で定義している。

経営情報システム

第3章　経営情報管理

❶▶経営とIT

■IT戦略

　自社の経営戦略や事業戦略を実現するためのIT活用方針を定めるもの。IT戦略は経営戦略や事業戦略と密接にかかわっているため、両者の整合性を確保し、維持することが求められる。

■ITガバナンス

　企業が競争優位性を確保する目的で、経営戦略と合致したIT投資やIT管理が適切に行われていることをチェックすること。ITガバナンスにより、適切なITの活用を実現することが期待できる。

① IT投資管理

名称	内容
TCO (Total Cost of Ownership)	コンピュータシステムの導入、維持・管理などにかかる費用の総額のこと。システムの投資意思決定を行う場合には、導入時費用だけでなく、すべての費用（TCO）を考慮することが重要である。
ITポートフォリオ	ポートフォリオマネジメントの考え方を情報化投資戦略に応用したもの。IT投資をリスクや投資価値の類似性でいくつかのカテゴリに整理し、カテゴリごとに投資割合を管理することで、限りある経営資源を有効に配分することができる。
PBP (Pay Back Period：回収期間法)	キャッシュフロー上で初年度の投資によるキャッシュアウトフローが何年後に回収できるかで投資案件を評価する手法。PBPは財務的な評価手法であり、投資効果が定量化しやすい、既存業務の効率化を目的に導入するシステムで用いられることが多い。

ROI **(Return on Investment** **：投資利益率)**	投資額に対する利益額の比率。ROIによる評価では、投資額に見合う利益額が得られるのかという視点で投資案件を評価する。ROIは財務的な評価手法であり、投資効果が定量化しやすい、既存業務の効率化を目的に導入するシステムで用いられることが多い。
NPV (Net Present Value ：正味現在価値)	時間的変化に割引率を設定し、一定期間のキャッシュフローを現在価値に換算した上で、キャッシュフローの合計値を求めてその大小で評価する手法。NPVは財務的な評価手法であり、投資効果が定量化しやすい、既存業務の効率化を目的に導入するシステムで用いられることが多い。
IRR (Internal Rate of Return ：内部収益率)	金銭価値の時間的変化を考慮し、現在価値に換算されたキャッシュフローの一定期間の合計値がゼロになるような割引率を求め、その大小で評価する手法。IRRは財務的な評価手法であり、投資効果が定量化しやすい、既存業務の効率化を目的に導入するシステムで用いられることが多い。
BSC **(Balanced Score Card** **：バランスト・スコアカード)**	「財務」「顧客」「業務プロセス」「学習と成長」という4つの視点から、投資案件の有効性を評価する手法。BSCは非財務的な評価を行える手法であり、投資効果が定量化しにくい、新規事業を創出するための投資案件や企業のシステム基盤を構築するための投資案件に適用することができる。
ベンチマーキング	高い成果を出している他社の数値と自社の数値を比較し、そのギャップを埋めることで現状を改善する手法である。厳密には投資評価の手法ではないが、ベンチマーキングを採用している企業は多い。ベンチマーキングでは、生産性や性能、品質、コストといったさまざまな視点で評価を行う。

経営情報システム

② ITリスク管理
- リスクアプローチ

　システム運営に関するリスクを正確に把握し、包括的かつ適切にコントロールするためのITリスク管理の代表的なアプローチである。
- コンティンジェンシープラン

　事件・事故・災害などの不測の事態が発生することを想定し、その被害や損失を最小限にとどめるために、あらかじめ定めた対応策や行動手順のことである。

③ IT組織・人材育成

名称	内容
CIO (Chierf Information Officer)	企業における最高情報責任者、情報システム統括役員を意味する。CIOは経営・現場（業務）・ITの3つの視点をもち、全体最適を鑑みてIT戦略を立案し、それを実行する先導役としてきわめて重要な役割を担っている。
政府CIOポータル	CIOが活躍するための情報提供サービスを行う目的で内閣官房情報通信技術（IT）総合戦略室および経済産業省により運営されている。CIOの役割や現在の政策、CIO業務に役立つ報告書などが掲載されている。
ITスキル標準 （ITSS ：IT Skill Standard）	個人のIT関連能力を職種や専門分野ごとに明確化および体系化し、IT人材に求められるスキルやキャリア（職業）を示した指標。2002年12月に経済産業省が公表し、2004年に独立行政法人 情報処理推進機構（IPA）へと管理が移管されている。2012年3月に「ITスキル標準V3 2011」が発行され、2017年4月に「ITSS＋」が公開された。 「ITスキル標準V3 2011」では、ITサービスの分野11職種35専門分野ごとに、最高7段階のスキルレベルを設定している。それぞれのレベルについて、要求される業務経験や実務能力、知識を定義している。

115

> ITSS＋は、第4次産業革命に向けて求められる新たな領域の学び直しの指標として策定され、従来のITスキル標準V3 2011（ITSS）を補完する位置づけである。ITSS＋では、「セキュリティ領域」「データサイエンス領域」「IoTソリューション領域」「アジャイル領域」の4つの領域が追加された。

❷▶IT資産管理

■ITサービスマネジメント

IT技術やIT基盤（インフラ）は、ハードウェアやソフトウェアといった物的資産を購入・導入しただけでは効率的な利用や導入による目的を達成することはできない。ITにかかわる物的資産の全般を適切に管理し、保守や運用を行う必要がある。これらの管理や保守運用にかかわる支援機能は、総称して**ITサービス**とよばれる。IT資産を取得したユーザ企業が自社ですべてのITサービスを提供することは難しいため、その一部を外部企業に委託するITアウトソーシングが主流になっている。

① SLA（Service Level Agreement）とSLM（Service Level Management）

- **SLA**：ユーザ企業とベンダの間で取り決めたサービスレベルに関する合意書

- **SLM**：サービスがSLAのとおりに提供されているか、サービスレベルの合意と監視に関する活動

② ITSMS適合性評価制度

　一般社団法人情報マネジメントシステム認定センターがJIS Q 20000-1（ISO/IEC 20000）に基づきITサービス事業者が提供するITサービスについて認定を行うもの。本制度は、組織におけるITサービス運営管理の品質を向上させることにより、ITサービス全体の信頼性の向上に寄与することを目的としている。

■ITアウトソーシング

システム開発作業や保守・運用作業など、コンピュータやインターネット技術に関連した業務を外部企業に委託すること。IT投資への費用

経営情報システム

対効果が重視されるようになった昨今、外部専門家のノウハウを活用し、自社のコアコンピタンスへ経営資源を集中する動きが活発になっている。

① 代表的なサービス事業者

事業者	内容
ISP (Internet Service Provider)	巨大なネットワークであるインターネット環境を管理する事業者。私たち個人や企業がインターネットに接続するためには、ISPが提供するインターネット接続サービスを利用しなくてはならない。
ASP (Application Service Provider)	汎用的なアプリケーションの機能をネットワーク経由で複数のユーザに提供する事業者。
iDC (internet Data Center)	高度なセキュリティや災害耐性を備えたデータセンター内に大量のサーバやネットワーク機器などを設置し、その維持・管理を行う事業者。iDCにユーザ保有のサーバやネットワーク機器を設置してハウジングサービスを利用する場合や、iDCが保有するサーバやネットワーク機器の一部を借りるホスティングサービスを利用する場合などがある。

② 代表的な形態

名称	特徴
ハウジングサービス	ユーザ保有のサーバをサービス事業者の施設内に設置して保守・運用する形態。高速回線や耐震設備、電源設備やセキュリティが確保された専用施設を保有せず、サービス事業者の施設を利用することで、IT投資に係る初期費用を圧縮することができる。
ホスティングサービス	サービス事業者がサーバやネットワーク機器を保有し、その一部を提供する形態。ユーザは、サービス事業者が提供するサーバやネットワーク機器を間借りする形となる。

■クラウドコンピューティング

仮想化技術を用いてインターネット経由でサービスを柔軟に提供する形態。従来は手元のコンピュータの中にあったデータやソフトウェア、ハードウェアの機能をインターネット上のサーバ群に移行し、それらを必要に応じて必要な分だけ利用する。

① クラウドコンピューティングを支える技術

名称	内容
仮想化技術	ハードウェア、ソフトウェア、ネットワークなど、物理的なシステム構成に依存することなくシステムを利用できる技術。
分散技術	複数のコンピュータを連携させて、1つのものとして動作させる技術。
セキュリティ技術	インターネットなど、不特定多数の利用者が存在するネットワークで安全にデータをやり取りするための技術。

② クラウドコンピューティングの分類
● サービス提供範囲による分類

分類	内容
SaaS (Software as a Service)	サービス事業者が、各種アプリケーション（ソフトウェア）までをサービスとして提供。
PaaS (Platform as a Service)	サービス事業者が、アプリケーションを稼働させるための基盤（プラットフォーム）までをサービスとして提供。
IaaS (Infrastructure as a Service)	サービス事業者が、サーバ、CPU、ストレージなどのインフラまでをサービスとして提供。

経営情報システム

DaaS (Desktop as a Service)	仮想的なデスクトップ環境、つまり個人用のクライアント環境を仮想的に提供する形態。クライアントPCには最低限のハードウェアがあればよく、クラウド上でOSやアプリケーションが動作し、必要に応じてそれらを呼び出して利用する。DaaSを利用すると、PC所有による情報漏えいなどのセキュリティリスクへの対応も講じることができる。
CaaS (Cloud as a Service)	あるクラウド環境上で他のクラウドサービスを提供する形態。クラウドサービスが複合的に提供されることから、ハイブリッド型のクラウドサービスともよばれる。IaaSサービス上にSaaSサービスを構築し提供するなど、さまざまな形で活用が進んでいる。

● 利用環境による分類

分類	内容
パブリッククラウド	業界・業種を問わず企業や個人に向けてクラウド環境を提供するオープンな形態である。プライベートクラウドの登場により、その対義語として用いられるようになった。
プライベートクラウド	企業が自社専用のクラウド環境を構築し、社内の各部署やグループ会社に提供する形態である。社内にクラウド環境を構築する場合もあれば、サービス事業者が提供するサービスを利用する場合もある。主にセキュリティに懸念がある場合や企業独自の機能を利用したい場合などに用いられる。
ハイブリッドクラウド	パブリッククラウドとプライベートクラウドを併用する形態である。両者には、それぞれメリット／デメリットがあるために両者を使い分けるための方針や、統合して管理できる仕組み、プログラムやデータをクラウド間で移動させる可搬性が必要になる。

③ ERP（Enterprise Resource Planning）パッケージ
- ERPパッケージとは
    1）ERP：生産や販売、物流、在庫、財務・会計、人事といった基幹業務プロセスの実行を、統合業務パッケージを利用して、必要な機能を相互に関連付けながら支援する総合情報システム
    2）ERPパッケージ（統合型業務パッケージソフトウェア）：ERPを実現するためのパッケージソフト
- ERP導入の留意点
    パッケージに適合するように、自社業務を変更すること
    ➡ パッケージに手を加えると、ERPパッケージ利用のメリットがなくなっていくため

❸▶ITトレンドと関連用語

■ビッグデータ

大量でかつリアルタイムに発生する構造化および非構造化データを蓄積し、それを処理・分析するための技術の総称。ここで、構造化データとは、従来のRDBで管理されていたデータであり、非構造化データとは動画、音声、SNS上の文章や発言、機器に取り付けられたセンサーから取得される情報やGPSの位置情報など、その形式が決まっていないデータを指す。

名称	内容
オープンデータ	「機械判読に適したデータ形式で、二次利用が可能な利用ルールで公開されたデータ」であり、「人手を多くかけずにデータの二次利用を可能とするもの」であるとされる。行政データのオープンデータ化とは、行政組織で収集されてきたデータを広く社会に公開し、民間で利活用できるようにすることを指す。行政のオープンデータには予算や調達情報、白書や統計情報、地図情報などがあり、公開することにより行政の透明性を高めること、産業界での二次利用を通じてビジネスの活性化を図ることなどを狙いとしている。

ストリームデータ	急速にデータが生成されて永続的に継続する、データが無制限に発生し続ける、時間の経過によりデータの性質・傾向・価値が変動するなどの性質をもつデータであり、ビッグデータが該当するといわれている。これらのデータをリアルタイムに処理および破棄する技術をストリームデータ処理という。代表的なストリームデータ処理に、複合イベント処理などがある。
複合イベント処理 (CEP：Complex Event Processing)	発生したイベント（事象）に関するデータの流れを追跡して分析し、何らかの結論を得る技術。具体的には、データに対する処理条件や分析シナリオをあらかじめ設定しておき、データがその条件に合致する場合、即座に決められたアクションを実行する。刻々と収集されるビッグデータをより短時間で処理できる技術として注目を集めている。

■IoT（Internet of Things）

　PCやスマートフォン以外の自動車、家電、ロボット、施設などあらゆる「モノ」がインターネットにつながり情報のやり取りを行うようになること、「モノのインターネット」とよばれる。「モノ」のデータ化やそれに基づく自動化が進展し、製造業や物流、医療・健康から農業に至るまでさまざまな分野での効率化と、データを分析・活用することによる新しい価値の創造、高付加価値化につながるとされる。

名称	内容
M2M (Machine to Machine)	コンピュータネットワークに繋がれた機械同士が人間を介在せずに相互にデータ連携を行い、自動的に最適な制御が行われるシステムのことである。M2Mは、IoTという言葉が使われる以前から使われていたが、その多くは、工場内の工作機械や鉄道や道路などの監視・制御などの目的で使われ、閉じたネットワークの中で運用されていた。一方IoTは、機械だけでなく、膨大な量の「モノ」がつながり、インターネットを介してクラウドと連携されているオープンシステムであることが特徴である。
人工知能 (AI：Artificial Intelligence)	人工的にコンピュータ上で人間と同様の知能を実現しようとする試み、またはその技術の総称。人工知能（AI）の代表的な研究テーマには、**機械学習**や**ディープラーニング**などがある。 機械学習は、コンピュータが数値やテキスト、画像、音声などのさまざまかつ大量のデータからルールや知識を自ら学習する技術である。一方、ディープラーニングは、従来の機械学習に加え、学習対象となる変数そのものを大量のデータから自動的に学習できる点が特徴である。
RPA (Robotic Process Automation)	これまで人間のみが対応可能と想定されていた作業、もしくはより高度な作業を人間に代わって実施できるルールエンジやAI、機械学習等を含む認知技術を活用して業務を自動化・省人化する取り組みである。

経営情報システム

■インターネット広告

名称	内容
バナー広告	Webページの一部に広告用の静止画像や動画像を表示する手法。
リスティング広告	検索サイトで入力したキーワードに関連する広告を検索サイトの結果ページに表示する手法。
ネイティブ広告	広告掲載面に広告を自然に溶け込ませることで、利用者にコンテンツの一部として見てもらう手法。
アフィリエイト	Webサイトやメールマガジンなどから企業サイトへリンクをはり、閲覧者がそのリンクを経由して商品購入などを行った成果に応じてリンク元サイトの主催者に広告料が支払われる手法。

■検索エンジン

名称	内容
SEM (Search Engine Marketing)	検索エンジンから自社ウェブサイトの誘導者数を最大化するマーケティング活動。SEMは、検索エンジンの検索結果上位に自らのWebサイトが表示されやすくする技術であるSEO（Search Engine Optimization）により実現される。 なお、検索エンジンはWeb上の文書や画像などを定期的に収集し、データベース化することで検索機能を提供する。情報を定期的に収集してデータベース化するプログラムをクローラ（またはロボットやスパイダー）とよぶ。また、検索エンジンに対して利用者からあるキーワードで検索要求が出された場合、検索エンジンは独自のアルゴリズムによって求めた優先度をもとに、その上位から検索結果を表示している。この検索結果を表示するページをSERP（Search Engine Result Page）とよぶ。

123

リンクポピュラリティ	Webページに対して集まっている外部リンクの数と質を判断し、Webページの重要度や人気度を測ろうとする概念のこと。
フィルターバブル	消費者が興味のある情報にだけ接し、それ以上の情報に触れなくなっている状態のこと。

■その他のデジタルマーケティング

名称	内容
O2O (Online to Offline)	実店舗での購入につなげるため、ネット上で行われる販売促進やマーケティングなどの活動のこと。
ステルスマーケティング	マーケティングの手法のうち、それが宣伝であると消費者に悟られないように宣伝を行うこと。
デジタルサイネージ (Digital Signage)	表示と通信にデジタル技術を活用し、平面ディスプレイやプロジェクタなどによって映像や情報を表示する広告媒体。
サブスクリプション	利用するソフトウェアやサービスなどの範囲や利用する期間に応じて課金する方式である。
フリーミアム	ソフトウェアやサービスの基本部分の利用は無料とし、より高度な機能などの付加的部分の利用に課金する方式である。
エンゲージメント率	主にソーシャルメディアで用いられる指標であり、ある投稿に対してどのくらいのエンゲージ（反応：いいね、クリック、シェアなど）があったかを計る指標である。
コンバージョン率	Webサイトの目標に達した数値を目標に達する最初の段階に入った数で割った割合である。たとえば、Webサイトを訪れたユーザ全体の中で、商品購入や会員登録などの成果が得られた割合を示す。

経営情報システム

直帰率	訪れた最初のWebページだけを見て、他のページに移動せずにWebサイトから離れる直帰数の割合を示す。具体的には、最初のWebページで直帰した直帰数を、そのページから始まったセッション数で割った値で算出される。
離脱率	あるWebページにあったアクセスのうちで、そのページを最後にどのくらいの割合が離脱したかを示す。具体的には、あるWebページからの離脱数をそのページの閲覧数（ページビュー数）で割った値で算出される。
チャーン率	メールによる広告配信を停止したり、ユーザアカウントを解約したユーザ数の全ユーザに対する割合をいう。

■リモートアクセス

名称	内容
BYOD **(Bring Your** **Own Device)**	企業などにおいて、従業員が私物の情報端末などを利用して業務を行うこと。私用のスマートフォンから企業内のシステムにアクセスし、必要な情報を閲覧することなどがあげられる。
テレワーク	インターネットなどを活用して時間や場所の制約を受けずに、柔軟に働くことができる勤労形態。在宅勤務などが代表的な形態である。
MDM **(Mobile Device** **Management)**	携帯端末のシステム設定を統合的かつ効率的に管理する手法。個人所有の情報機器を利用する場合には、私用情報の退避を行う、特定のアプリケーションの利用を禁止する、紛失時に遠隔地から端末をロックする機能（**リモートロック**）やデータ消去を行う機能（**リモートワイプ**）、パスワード入力による端末ロックの解除に一定回数以上失敗した場合にデータを自動消去する機能（**ローカルワイプ**）などを利用して情報漏洩を防ぐことが求められる。

■電子商取引

名称	内容
EDI (Electronic Data Interchange)	電子データ交換の略であり、実質的には企業間電子取引のこと。ネットワークを通じて売り手と買い手が受発注処理をおこなうことで、紙の伝票のやりとりしていた従来の方式に比べ、情報伝達のスピードが大幅にアップし、事務処理の手間や人員の削減、販売機会の拡大などにつながる。
QRコード	バーコードが普及し、その利便性が世界的に認識される一方で、「多くの情報を含んだバーコードを小さなスペースに表示したい」「英数字、漢字、かな等の文字種を表現したい」というニーズが出てきた。これらのニーズに対応するのが2次元シンボルである。2次元シンボルの種類のなかで代表的な2次元コードがQRコードであり、決済サービスにも利用されている。
RFID (Radio Frequency IDentification)	無線周波による（非接触型）自動識別技術である。トランスポンダ（タグ）の識別情報を無線周波を介してコンピュータに接続されたリーダーで読み取り、自動的に識別するシステムである。

■新商品／新サービス

名称	内容
シェアリング・エコノミー	場所・乗り物・モノ・人・お金などの遊休資産をインターネット上のプラットフォームを介して個人間で貸借／売買／交換し、シェアしていく経済の動き。
MaaS (Mobility as a Service)	出発地から目的地への移動を最適化し、サービスとして提供することである。

経営情報システム

FinTech **（フィンテック）**	Finace（金融）とTechnology（技術）を混ぜた造語で、IT技術を活用した革新的な金融サービスのこと。取引の決済・送金、資産・資金管理、融資・資金調達などの金融分野で活用が広まっている。
ブロックチェーン技術	情報通信ネットワーク上にある端末同士を直接接続して、暗号技術を用いて取引記録を分散的に処理・記録するデータベースの一種。ビットコイン等の仮想通貨に用いられている基盤技術である。
ウェアラブルデバイス	腕や頭部など、身体に装着して利用することが想定されたデバイスの総称。腕時計の形をしたスマートウォッチ、メガネの形をしたスマートグラスなどがある。ウェアラブルデバイスから収集される顧客の生活・健康・スポーツなどに関するデータを分析し、顧客の行動分析を緻密かつリアルタイムに行う動きが進んでいる。

第4章 統計解析

❶ ▶ 統計解析

■仮説検証型の統計解析

① 検定の手順
- 対立仮説の設定

　知りたいことを仮説として設定する（対立仮説という）。
- 帰無仮説の設定

　知りたいことを検証するために、反対の仮説を設定する（帰無仮説という）。
- 危険率（または有意水準）の設定

　一般的に危険率1％もしくは5％で検定する。

　1％とは、100分の1の確率で対立仮説の立証を間違える危険があるということである。
- 判定

検定で調べた値が危険率の領域に入っているか確認する（この領域を棄却域という）。

棄却域に入っていれば、帰無仮説を棄却する。

- 対立仮説の立証

  帰無仮説が棄却されれば、知りたいこと（対立仮説）が正しかったということになる。

② 片側検定と両側検定

- 片側検定

  「セット販売のときのお弁当は、通常販売のときのお弁当よりも売れる」という対立仮説を立証する場合は片側検定を行う。

- 両側検定

  「セット販売のときと、通常販売のときでは、お弁当の販売個数は違う」という対立仮説を立証する場合は両側検定を行う。

③ 検定の種類

- z検定

  母集団の平均値と標本の平均値に違いがあるかどうかの検定などに用いられる。母集団の分散が既知の場合に用いられる。母集団の分散が未知の場合は、t検定を用いる。

- t検定

  2つの母集団の平均値に違いがあるかどうかの検定などに用いられる。一般的に、2つの標本の母分散が未知であるが、等しいことがわかっている場合に用いる。

- ウェルチ検定

  2つの母集団の平均値に違いがあるかどうかの検定などに用いられる。一般的に、2つの標本の母分散が未知である場合に用いる。

- F検定

  2つの母集団の分散が等しいかどうかの検定などに用いられる（等分散性の検定）。

- x^2検定（カイ二乗検定）

  母分散についての仮説が正しいか否かを検定するために用いられる。他にも、2つの変数について、実際の観測値と期待値のずれを調べ、2つの変数に関連性があるかどうかを検定する独立性の検定

経営情報システム

や適合度の検定がある。

● **分散分析**

  3つ以上の標本の**平均値**に違いがあるかどうかの検定などに用いられる。分散分析には、一元配置の分散分析、二元配置の分散分析、多元配置の分散分析がある。

■多変量解析

対象について観測された多数の変数（変量という）に関する多数のデータ分析を要約し、ある目的のもとに統合する統計的な分析手法の総称。この分析を行うことで、複数の変量間の関係（相関）を解き明かすことができる。

① **単回帰分析**

  1つの要因から、1つの結果を予想するときの分析手法。$y=ax+b$で表すことができる。

② **重回帰分析**

  複数の要因から、1つの結果を予想するときの分析手法。2つの要因のときは、$y=ax+bu+c$ で表すことができる（a と b と c は定数）。

③ **主成分分析**

  多変量の資料から、少数の合成された新たな変数（主成分）を求める手法。

④ **因子分析**

  多変量のデータに対して、そのデータが得られる原因や根拠（因子）を探る分析手法。

⑤ **判別分析**

  結果が0か1かを決定するときに用いられる手法。

⑥ **クラスター分析**

  異なる性質のものが混じり合った集団から、互いに似た性質をもつものを集め、クラスター（集団）を作る手法。

⑦ **コンジョイント分析**

  商品やサービスを構成する複数の要素の最適な組合せを探るためにマーケティング分野で利用される分析手法。

中小企業経営・
中小企業政策

1 中小企業経営

第1章 中小企業概論

❶▶中小企業とは

■中小企業の定義

① 中小企業基本法による定量的な定義

製造業、建設業、運輸業など	資本金**3億円**以下または従業員数**300**人以下
卸売業	資本金**1億円**以下または従業員数**100**人以下
小売業、飲食店	資本金**5千万円**以下または従業員数**50**人以下
サービス業	資本金**5千万円**以下または従業員数**100**人以下

② 中小企業の定性的な特徴
- 所有と経営の非分離
- 資金調達の非公開性
- 事業活動の地域性
- 特徴的な存立分野
- 経営者、従業員の役割が大

など

■中小企業の強みと弱み

① 中小企業の強み
- 意思決定の迅速性
- 企業内のコミュニケーションの緊密性

② 中小企業の弱み

経営資源の質・量が不十分
  ➡ 借入れ金依存度の高さ、人材確保の困難、情報の充実の遅れなど

中小企業経営・中小企業政策

❷▶中小企業の位置づけ······················

■企業数（2016年）

　総務省・経済産業省「平成28年経済センサス－活動調査」再編加工によると、中小企業は全体の**99.7**％を占めている。その他のポイントは以下のとおりである。

① 中小企業
- 業種別に多い順に並べると、「**小売業**」⇒「宿泊業、飲食サービス業」⇒「建設業」⇒「製造業」となる。

② 小規模企業
- 全企業数の**84.9**％（**8**割強）を占めている。
- 業種別に多い順に並べると、「**小売業**」⇒「宿泊業、飲食サービス業」⇒「建設業」⇒「生活関連サービス業、娯楽業」となる。

■企業数（2012年、2014年、2016年の推移）

＜中小企業＞
① 2012年、2014年、2016年の間、一貫して増加している業種はない。
② 2012年と2016年を比較して増加しているのは「**医療、福祉**」と「電気・ガス・熱供給・水道業」である。

＜小規模企業＞
① 2012年、2014年、2016年の間、一貫して増加している業種はない。
② 2012年と2016年を比較して増加しているのは「**医療、福祉**」と「電気・ガス・熱供給・水道業」である（中小企業と同じ）。

■従業者数（2016年）

　総務省・経済産業省「平成28年経済センサス－活動調査」再編加工における「会社および個人の従業者総数」に基づくと、中小企業の従業者数は総数の**68.8**％（約**7**割）、小規模企業の従業者数は総数の**22.3**％（約**2**割）となっている。その他のポイントは以下のとおりである。

① 中小企業
- 従業者の数が多い順に並べると、「**製造業**」⇒「小売業」⇒「宿泊業、

133

飲食サービス業」⇒「建設業」となる。
- 構成比（その業種における従業者総数合計に占める中小企業の従業者総数の割合のこと）は、「医療、福祉」が最も高く、次いで「建設業」となる。

② 小規模企業
- 従業者の数が多い順に並べると、「建設業」⇒「製造業」⇒「小売業」⇒「宿泊業、飲食サービス業」となる。
- 構成比（その業種における従業者総数合計に占める小規模企業の従業者総数の割合のこと）は、「建設業」が最も高く、次いで「不動産業、物品賃貸業」となる。

■従業者数（2012年、2014年、2016年の推移）

＜中小企業＞
① 2012年、2014年、2016年の間、一貫して増加しているのは「電気・ガス・熱供給・水道業」のみである。
② 「非１次産業計」は、2012年から2014年にかけては増加していたが、2014年から2016年にかけては減少している。

＜小規模企業＞
① 2012年、2014年、2016年の間、一貫して増加しているのは「電気・ガス・熱供給・水道業」と「複合サービス事業」である。
② 「非1次産業計」は2012年、2014年、2016年の間、一貫して減少している。

■開廃業率（総務省・経済産業省「平成28年経済センサス－活動調査」他）

　開廃業率は、1989〜1991年に廃業率が開業率を上回り、それ以降は一貫して廃業率が開業率を上回っている（開廃業率の逆転現象）。なお、最も早く開廃業率が逆転したのは小売業である（1981〜1986年）。
　直近の2014〜2016年データは、図表１－１－１のとおりである。

中小企業経営・中小企業政策

図表１－１－１　開廃業率（2014～2016年のみ。○数字は順番）（単位：％）

	開　業　率	廃　業　率
非１次産業全体	5.0	7.6
製　造　業	④2.4	④6.2
卸　売　業	③4.4	②7.1
小　売　業	①5.5	①8.3
サービス業	②4.5	③6.8

■産業別規模別売上高（民営、非一次産業、2015年）

　総務省・経済産業省「平成28年経済センサス－活動調査」（再編加工）に基づくと、2015年の全売上高に占める中小企業の割合は**44.1**％、小規模企業の割合は**9.5**％である。その他のポイントは以下のとおりである。

＜中小企業＞

①　2015年における売上高は、多い順に、「**卸売業**」⇒「製造業」⇒「建設業」⇒「小売業」となっている。

②　2015年における構成比（その業種における全規模の売上高に占める中小企業の売上高の割合のこと）は、「**医療、福祉**」が最も高く、次いで「鉱業、採石業、砂利採取業」が高い。

＜小規模企業＞

①　2015年における売上高は、多い順に、「**建設業**」⇒「製造業」⇒「卸売業」⇒「小売業」となっている。

②　2015年における構成比（その業種における全規模の売上高に占める小規模企業の売上高の割合のこと）は、「鉱業、採石業、砂利採取業」が最も高く、次いで「**建設業**」が高い。

■産業別規模別付加価値額（民営、非一次産業、2015年）

　総務省・経済産業省「平成28年経済センサス－活動調査」（再編加工）に基づくと、全付加価値額に占める中小企業の割合は**52.9**％、小規模企業の割合は**14.0**％である。その他の主なポイントは以下のとおりである。

<中小企業>
① 2015年における付加価値額は、多い順に、「**製造業**」⇒「卸売業」⇒「建設業」⇒「小売業」となっている。
② 2015年における構成比（その業種における全規模の付加価値額に占める中小企業の付加価値額の割合のこと）は、「**医療、福祉**」が最も高く、次いで「建設業」が高い。

<小規模企業>
① 2015年における付加価値額は、多い順に、「**建設業**」⇒「製造業」⇒「不動産業、物品賃貸業」⇒「小売業」となっている。
② 2015年における構成比（その業種における全規模の付加価値額に占める小規模企業の付加価値額の割合のこと）は、「鉱業、採石業、砂利採取業」が最も高く、次いで「**建設業**」が高い。

■中小企業の経営指標（2018年度）

中小企業庁「令和元年中小企業実態基本調査（平成30年度決算実績）」に基づく業種別の中小企業の経営指標のうち、製造業、小売業、宿泊業・飲食サービス業（および全業種平均）を取り出すと、図表1-1-2のようになる。

図表1-1-2　中小企業（製造業、小売業、宿泊業・飲食サービス業）の経営指標（2018年度）

	自己資本当期純利益率（ROE）（%）	売上高経常利益率（%）	総資本回転率（回）	自己資本比率（%）	財務レバレッジ（倍）	付加価値比率（%）
全業種	10.91	3.61	1.12	40.92	2.44	25.97
製造業	9.33	4.43	1.02	44.65	2.24	30.17
小売業	6.82	1.20	1.78	30.99	3.23	20.04
宿泊業、飲食サービス業	12.97	2.61	1.03	15.21	6.58	47.34

※網掛けは全業種（平均）を上回っていることを示す。

（『中小企業白書2020年版』中小企業庁編　p.Ⅲ-60〜61をもとに作成）

中小企業経営・中小企業政策

第2章　中小企業白書2020年版第1部：令和元年度（2019年度）の中小企業の動向

❶ ▶ 中小企業・小規模事業者の動向 ……………………………

① 中小企業・小規模事業者の現状

　1）売上高

　　　財務省「法人企業統計調査季報」に基づき、中小企業の売上高の推移を確認すると、リーマン・ショック後および東日本大震災発生後に大きく落ち込み、2013年頃から横ばいで推移した後、2016年第3四半期より増加傾向となっていた。2019年はこの傾向に変化が見られ、中小企業の売上高は2019年第3四半期に**減少**に転じた。

　2）経常利益

　　　財務省「法人企業統計調査季報」に基づき、中小企業の経常利益の推移を確認すると、売上高同様、リーマン・ショック後に大きく落ち込んだが、その後は緩やかな回復基調が続いている。2019年を通じた動きを見ると、大企業の経常利益が2019年第2四半期に減少に転じた中、中小企業の経常利益は**横ばい**で推移している。

　3）設備投資

　　　財務省「法人企業統計調査季報」に基づき、中小企業の設備投資の推移を確認すると、2013年以降強含みで推移していたが、2016年以降はほぼ**横ばい**で推移している。

　　　図表1-2-1から、中小企業の**設備投資の目的**を確認すると、直近の2017年度では、「**既存**建物・設備機器等の**維持・補修・更新**」が最も多くなっており、2007年度と比較してその割合が**増加**している。一方で、「既存事業部門の**売上増大**」「新規事業部門への進出・事業転換・兼業部門の強化など**多角化**」「省力化・合理化（**管理部門**）」の割合は、2007年度と比較してその割合が**減少**している。

137

図表1−2−1　設備投資の目的

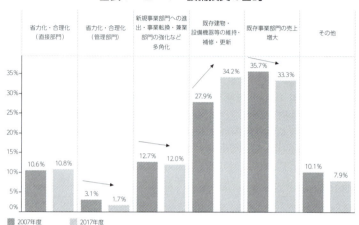

資料：中小企業庁「中小企業実態基本調査」

（『中小企業白書2020年版』中小企業庁編　p.Ⅰ-11をもとに作成）

4）研究開発
- 経済産業省「企業活動基本調査」再編加工に基づき、売上高に占める**研究開発費**の割合の推移を見ると、中小企業は業種にかかわらず、ほぼ**横ばい**で推移しており、同業種の大企業に比べて**低水準**にある。
- 中小企業庁「中小企業実態基本調査」に基づき、研究開発を実施している中小企業の割合を見ると、業種によって実施割合の水準は異なるものの、中小企業の中でも**従業員規模が大きくなるほど実施割合が総じて高い**ことが見て取れる（図表1−2−2参照）。

中小企業経営・中小企業政策

図表１－２－２　業種別・従業員規模別に見た、中小企業における研究開発の実施割合（2017年度）

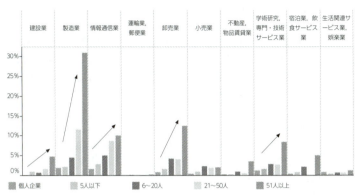

資料：中小企業庁「中小企業実態基本調査」
(注)研究開発を行った企業の割合は、研究開発を行った企業数／企業数合計としている。

（『中小企業白書2020年版』中小企業庁編　p.Ⅰ-14をもとに作成）

5）倒産動向
　(株)東京商工リサーチ「倒産月報」に基づき、倒産件数の推移を確認すると、我が国の倒産件数は、2009年以来10年連続で減少してきたが、2019年の倒産件数は11年ぶりに**前年を上回った**。倒産件数の推移を規模別に見ると、大部分を小規模企業が占めている。

6）海外展開
- 経済産業省「企業活動基本調査」再編加工に基づき、企業規模別の**直接輸出企業の割合**の推移を見ると、中小企業は長期的に増加傾向にある。
- 経済産業省「企業活動基本調査」再編加工に基づき、中小企業の**輸出額**および売上高に占める輸出額の割合（**売上高輸出比率**）の推移を見ると、足元では減少が見られるものの、長期的にはいずれも増加傾向にある。
- 経済産業省「企業活動基本調査」再編加工に基づき、企業規模別

の海外現地法人の保有率の推移を見ると、**海外子会社を保有する中小企業の割合**は長期的に増加傾向にある。

- 経済産業省「海外事業活動基本調査」再編加工に基づき、海外直接投資を行っている企業が進出した国・地域の推移を見ると、2000年代は進出先として中国が最も多かったが、近年の構成比では減少傾向となっている。その中国に代わってASEANへの進出が増加しており、2017年は全体の約3分の1を占めている。

② 人手不足の状況と雇用環境

- 総務省「国勢調査」、総務省「人口推計」、国立社会保障・人口問題研究所「日本の将来推計人口」（平成29年推計）によると、我が国の人口は2008年をピークに2011年以降は減少が続いている。この傾向は将来にわたって継続すると見込まれ、2065年には8,808万人になるものと推計されている。

- 総務省「労働力調査（基本集計・長期時系列データ）」によると、**就業者数**は2013年以降、7年連続で増加している。また、**就業率**も2012年を底に上昇を続けている。

- 総務省「労働力調査（基本集計・長期時系列データ）」に基づき、就業率の10年ごとの変化を性別および年齢別に見ると、まず、女性の結婚・出産期に当たる年代に一旦就業率が低下し、育児が落ち着いた時期に再び上昇するという**M字カーブ**について、M字の谷の部分が浅くなってきており、全体としても女性の就業率が上昇している。次に、60歳以上の労働者層についても就業率が上昇している。このように、我が国全体としての生産年齢人口が減少する中で、**女性や高齢者の労働参加が着実に進んでいる。**

- 総務省「労働力調査（基本集計・長期時系列データ）」に基づき、従業者規模別の非農林業雇用者数の推移を見ると、従業者規模**30人未満の事業所**の雇用者数は減少傾向で推移している一方、従業者規模**100人以上の事業所**の雇用者数は増加傾向で推移している。

- 厚生労働省「雇用動向調査」より作成した資料に基づき、転職者数の推移について、前職と現職をそれぞれ中小企業と大企業に分けて確認すると、大企業から中小企業への転職者数は横ばいで推

中小企業経営・中小企業政策

移している一方で、**中小企業から大企業**への転職者数は増加傾向となっている。

③　中小企業・小規模事業者を取り巻くリスク

1）事業継続計画（BCP）の策定

- （株）帝国データバンク「事業継続計画（BCP）に対する企業の意識調査」（2019年5月）に基づき、企業規模別のBCPの策定状況を見ると、「策定している」「現在、策定中」「策定を検討している」と回答した割合は、大企業が約6割に対して、中小企業は**約4割**となっている。
- 「事業継続計画（BCP）に対する企業の意識調査」に基づき、BCPを「策定していない」と回答した企業における、その理由を確認すると、最も多い回答は、「**策定に必要なスキル・ノウハウがない**」となっており、BCPの策定は中小企業にとってハードルの高い取組と認識されていることがわかる。

2）テレワークの導入

- 総務省「平成30年通信利用動向調査」に基づき、テレワークの導入状況を資本金規模別に見ると、資本金規模が**小さい**企業は、テレワークを導入している割合が**低い**傾向にある。
- 総務省「平成30年通信利用動向調査」に基づき、テレワークを導入しない理由を見ると、「**テレワークに適した仕事がないから**」と回答した割合が最も多く、次いで「業務の進行が難しいから」「情報漏えいが心配だから」「導入するメリットがよく分からないから」が多い。

❷▶中小企業・小規模事業者の労働生産性……………………

①　労働生産性の推移

- 財務省「法人企業統計調査年報」に基づき、企業規模別に、従業員一人当たり付加価値額（**労働生産性**）を確認すると、大企業は、リーマン・ショック後に大きく落ち込んだ後、緩やかな上昇傾向で推移している。一方で中小企業は、大きな落ち込みはないものの、長らく横ばい傾向が続いており、足元では大企業との差は徐々に**拡大**している。

141

- 生産性を向上させるためには、機械や設備への投資は有効な手段のひとつであり、こうした機械や設備への投資の程度を表すのが**資本装備率**である。財務省「法人企業統計調査年報」に基づくと、**資本装備率**は、製造業、非製造業ともに大企業と中小企業の**格差が大きく**、労働生産性の規模間格差につながっている。

② 規模別・業種別での労働生産性の比較
- 図表1-2-3は、中小企業と大企業の労働生産性の業種別平均（縦軸）と業種別従業者割合（横軸）を示したものである。同図表において、我が国の労働力（注：従業者数のこと）のうち約7割を占める中小企業の**労働生産性**の平均値は、大企業における労働生産性の平均値を**全業種とも下回っている**。

図表1-2-3　労働生産性と労働構成比

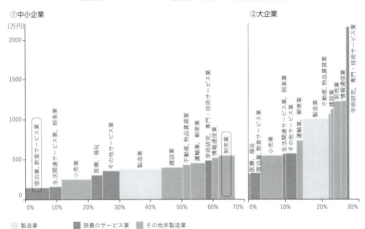

資料：総務省・経済産業省「平成28年経済センサス-活動調査」再編加工
(注)1.ここでいう狭義のサービス業とは、日本標準産業分類（第13回改訂）の大分類L～Rに属する業種を指す。
2.従業者構成比（横軸）の小さい業種について図表上は省略しているため、合計しても100%にならない。

（『中小企業白書2020年版』中小企業庁編　p.Ⅰ-100をもとに作成）

中小企業経営・中小企業政策

●参考
　中小企業の労働生産性を業種別に見ると、最も高い業種は**卸売業**、最も低い業種は**宿泊業、飲食サービス業**となっている（図表１－２－３参照）。

- 総務省・経済産業省「平成28年経済センサス－活動調査」再編加工に基づき、企業規模別（注：中規模企業とは、中小企業基本法上の中小企業のうち、同法上の小規模企業に当てはまらない企業をいう。）に上位10％、中央値、下位10％の労働生産性の水準を確認すると、いずれのパーセンタイルにおいても、企業規模が大きくなるにつれて、労働生産性が高くなっている。しかし、**小規模企業の上位10％の水準は大企業の中央値を上回っており**、企業規模が小さくても高い労働生産性の企業が一定程度存在する。反対に、**大企業の下位10％の水準は小規模企業の中央値を下回っており**、企業規模は大きいが労働生産性の低い企業も存在している。

❸ ▶中小企業・小規模事業者の新陳代謝 ･････････････････････････

① 企業数の変化と開廃業の動向
　1）企業数の変化
- 図表１－２－４から、我が国の企業数の推移を確認すると、年々**減少**傾向にあり、直近の2016年では359万者となっている。このうち、中小企業は358万者であり、その内訳は小規模企業が305万者、中規模企業が53万者となっている。

図表1−2−4　企業規模別企業数の推移

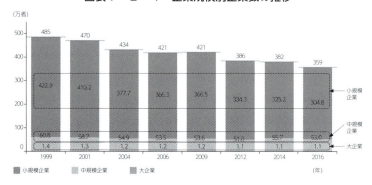

資料：総務省「平成11年、13年、16年、18年事業所・企業統計調査」、「平成21年、26年経済センサス・基礎調査」、総務省・経済産業省「平成24年、28年経済センサス・活動調査」再編加工
(注)1. 企業数＝会社数＋個人事業者数とする。
2.「経済センサス」では、商業・法人登記等の行政記録を活用して、事業所・企業の捕捉範囲を拡大しており、「事業所・企業統計調査」による結果と単純に比較することは適切ではない。
3.グラフの上部の数値は、企業数の合計を示している。

（『中小企業白書2020年版』中小企業庁編　p.Ⅰ-110をもとに作成）

- 1999年を基準として規模別に増減率を見ると、いずれの規模においても企業数が**減少**しており、特に小規模企業の減少率が最も高くなっている（図表1−2−5参照）。

中小企業経営・中小企業政策

図表1-2-5 企業規模別企業数の増減率の推移

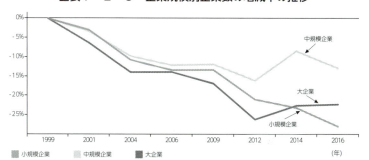

資料：総務省「平成11年、13年、16年、18年事業所・企業統計調査」、「平成21年、26年経済センサス-基礎調査」、総務省・経済産業省「平成24年、28年経済センサス-活動調査」再編加工
(注)1. 企業数＝会社数＋個人事業者数とする。
2.「経済センサス」では、商業・法人登記の行政記録を活用して、事業所・企業の捕捉範囲を拡大しており、「事業所・企業統計調査」による結果と単純に比較することは適切ではない。
3. ここでいう増減率は、対1999年比で算出している。

(『中小企業白書2020年版』中小企業庁編 p.Ⅰ-111をもとに作成)

- 中小企業の増減率の推移を業種別に確認すると、1999年時と比べて、「電気・ガス・熱供給・水道業」「運輸業、郵便業及び情報通信業」では企業数が**増加**している一方、他の業種については減少傾向にあり、特に「鉱業、採石業、砂利採取業」や「小売業」については**減少率が高い**（図表1-2-6参照）。

145

図表１－２－６　業種別中小企業数の増減率の推移

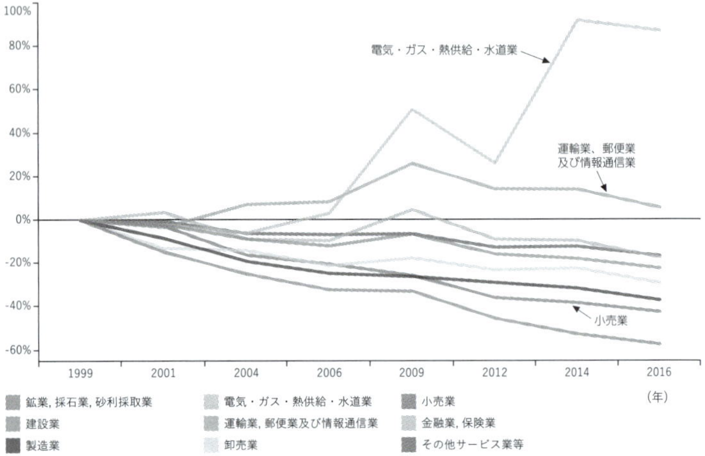

資料：総務省「平成11年、13年、16年、18年事業所・企業統計調査」、「平成21年、26年経済センサス‐基礎調査」、総務省・経済産業省「平成24年、28年経済センサス‐活動調査」再編加工
(注)1. 企業数＝会社数＋個人事業者数とする。
2. 「経済センサス」では、商業・法人登記等の行政記録を活用して、事業所・企業の捕捉範囲を拡大しており、「事業所・企業統計調査」による結果と単純に比較することは適切ではない。
3. ここでいう増減率は、対1999年比で算出している。

（『中小企業白書2020年版』中小企業庁編　p.Ⅰ-112をもとに作成）

2）開業率・廃業率の推移

● 厚生労働省「雇用保険事業年報」を用いて算出される開業率・廃業率の推移を確認すると、我が国の**開業率**は、1988年をピークとして減少傾向に転じた後、2000年代を通じて緩やかな上昇傾向で推移してきたが、直近の2018年度は**4.4**％に**低下**した。一方で、廃業率は1996年以降増加傾向で推移していたが、2010年に**減少傾向**に転じ、直近の2018年度は**3.5**％となっている。

● 「雇用保険事業年報」に基づき、**開業数**の内訳を業種別に見ると、2018年度の開業数は「運輸業、郵便業」「情報通信業」「サービス業」を**除き**、全ての業種で2017年度より**減少**している。また、

146

中小企業経営・中小企業政策

全体に占めるウエイトの大きい「建設業」における落ち込みが特に顕著である。

- 「雇用保険事業年報」に基づき、業種別に開廃業の状況を確認する。まず、**開業率**を見ると、「宿泊業、飲食サービス業」が最も高く、「情報通信業」「電気・ガス・熱供給・水道業」と続いている。次に、**廃業率**を見ると、「宿泊業、飲食サービス業」が最も高く、「生活関連サービス業、娯楽業」「小売業」と続いている。開業率と廃業率がともに**高く**、事業所の入れ替わりが盛んである業種は、「宿泊業、飲食サービス業」「情報通信業」「生活関連サービス業、娯楽業」である。他方、開業率と廃業率がともに低い業種は、「運輸業、郵便業」「複合サービス事業」となっている。

② 経営者の高齢化と事業承継

1）経営者年齢の分布と後継者の決定状況

- （株）東京商工リサーチ「全国社長の年齢調査」に基づき、全国の社長の年齢分布の推移を見ると、「70代以上」の占める割合が年々増加している一方、直近では、「40代以下」の構成比が減少傾向にあり、**経営者の高齢化**が進んでいる。

- （株）帝国データバンク「全国・後継者不在企業動向調査（2019年）」に基づき、社長年齢別に後継者の有無について確認すると、60代では約半数、70代は約4割、80代は約3割で後継者が不在となっており、**経営者年齢の高い企業**においても、**後継者が不在**の企業が多く存在する。

2）事業承継の実態

- 「全国・後継者不在企業動向調査（2019年）」に基づき、事業を承継した社長と先代経営者との関係を確認すると、「同族承継」の割合が最も多いが、全体に占める割合は年々**減少**している。他方、「内部昇格」による事業承継は**増加**傾向にあり、2019年における全体に占める割合は「同族承継」と同程度となっている。また、「外部招聘」も**増加**傾向にあるなど、**親族外承継が事業承継の有力な選択肢**となっている。

- 第三者承継のひとつの形態であるM＆Aの状況を確認すると、M＆A助言の株式会社レコフによって「事業承継系」と定義された

147

M&Aの件数は年々増加している。

③ 多様な起業の実態

- 総務省「就業構造基本調査」に基づき、起業を希望する者（以下、「**起業希望者**」という。）や起業の準備をする者（以下、「**起業準備者**」という。）、**起業家**の推移を確認すると、「起業希望者」「起業準備者」「起業家」の数はいずれも減少傾向にある。他方、「**起業家**」の減少割合は、「起業希望者」と「起業準備者」の減少割合に比べて緩やかである。なお、「**起業準備者に対する起業家の割合**」は、2007年から2017年にかけて、上昇傾向で推移している。

- 総務省「就業構造基本調査」に基づくと、副業として起業を希望する者（以下、「**副業起業希望者**」という。）や副業として起業を準備する者（以下、「**副業起業準備者**」という。）は増加傾向である。

❹▶中小企業・小規模事業者の多様性と役割・機能…………

① 中小企業・小規模事業者の多様性

1）図表1-2-7は、業種別・規模別に見た、中小企業の企業数、従業者数、付加価値額の内訳である。

まず、**企業数**について確認すると、中小企業の**約9割**が**非製造業**であるのに対し、製造業は約1割である。また、**非製造業の小規模企業**は全体の**76.0%**と最も多くの割合を占めているのに対し、製造業の中規模企業は全体の1.5%の存在である。

次に、**従業者数**について確認すると、**全体の約8割**が**非製造業**であり、製造業は約2割である。また、**中規模企業の従業者数**（製造業・非製造業合計）は全体の64.6%となっており、企業数で最も多くの割合を占めていた**非製造業の小規模企業**は、従業者数で見ると**約3割**（29.2%）となっている。

最後に**付加価値額**について確認すると、全体の**75.4%**が**非製造業**であり、製造業は24.6%となっている。また、中規模企業が生み出す付加価値額（製造業・非製造業合計）は72.2%、小規模企業が生み出す付加価値額（製造業・非製造業合計）は27.8%となっ

中小企業経営・中小企業政策

ている。

図表１－２－７　規模別・業種別の企業数・従業者数・付加価値額の内訳

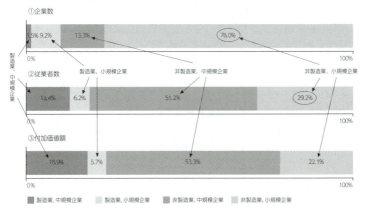

資料：総務省・経済産業省「平成28年経済センサス-活動調査」再編加工
(注)企業数＝会社数＋個人事業者数とする。

（『中小企業白書2020年版』中小企業庁編　p.Ⅰ-171をもとに作成）

2）資本金・常用雇用者数別に見た企業分布
- 総務省・経済産業省「平成28年経済センサス－活動調査」再編加工に基づき、資本金規模別の企業分布を業種別に見ると、いずれの業種においても、資本金5,000万円以下の企業および**個人事業者**が大半を占めている。
- 総務省・経済産業省「平成28年経済センサス－活動調査」再編加工に基づき、常用雇用者数の規模別の企業分布を業種別に見ると、いずれの業種においても、常用雇用者数50人以下の企業が大半を占めている。

② ４つの役割・機能と目指す姿
　中小企業・小規模事業者に期待される役割・機能を、「①グローバル展開をする企業（**グローバル型**）」「②サプライチェーンでの中核

ポジションを確保する企業（**サプライチェーン型**）」「③地域資源の活用等により立地地域外でも活動する企業（**地域資源型**）」「④地域の生活・コミュニティを下支えする企業（**生活インフラ関連型**）」の４つの類型に分類する。

1）類型別に見た中小企業の実態

(株)東京商工リサーチ「中小企業の付加価値向上に関するアンケート」によると、**中小企業**全体では、「④生活インフラ関連型」と回答した企業が39.2％と**最も多く**、次いで、「②サプライチェーン型」が25.1％、「③地域資源型」が13.8％、「①グローバル型」が12.9％となっている（注：ほかに「その他」がある）。

2）類型別に見た小規模事業者の実態

みずほ情報総研(株)「地域における小規模事業者の事業活動等に関する調査」によると、**小規模事業者**全体では、「④生活インフラ関連型」と回答した企業が62.5％と**最も多く**、次いで、「③地域資源型」が23.6％、「②サプライチェーン型」が6.3％、「①グローバル型」が3.5％となっている（注：ほかに「その他」がある）。

第3章　中小企業白書2020年版第２部：新たな価値を生み出す中小企業

❶▶付加価値の創出に向けた取組

① 企業が生み出す付加価値と労働生産性

1）付加価値増大の必要

- 財務省「法人企業統計調査年報」に基づき、**労働分配率**の推移を企業規模別に見ると、大企業に比べて、**中規模企業と小規模企業**では、労働分配率が長年にわたって**高止まり**している。
- 財務省「法人企業統計調査年報」に基づき、付加価値額に占める**営業純益**の割合の推移を企業規模別に見ると、労働分配率が高い中規模企業および小規模企業では、生み出した付加価値額のうち、営業純益として残る割合が、大企業と比べて相対的に**低く**なっている。

② 中小企業の競争戦略

中小企業経営・中小企業政策

1）競争戦略の類型

　企業の競争戦略について、マイケル・ポーターは、「業界全体を対象とし、低価格で優位性を構築する戦略（**コストリーダーシップ戦略**）」、「業界全体を対象とし、製品やサービスの差別化で優位性を構築する戦略（**差別化戦略**）」、「特定の狭い市場を対象とし、低価格、もしくは、差別化に向けて資源を集中させる戦略（**集中戦略**）」の3つに類型化できると提唱した。

　ここでは、ポーターの競争戦略の類型化を参考に、集中戦略をさらに「特定の狭い市場を対象とし、低価格で優位性を構築する戦略（**コスト集中戦略**）」と「特定の狭い市場を対象とし、製品やサービスの差別化で優位性を構築する戦略（**差別化集中戦略**）」に分けて、中小企業の競争戦略の実態を把握していく（図表1−3−1参照）。

図表1−3−1　競争戦略の類型

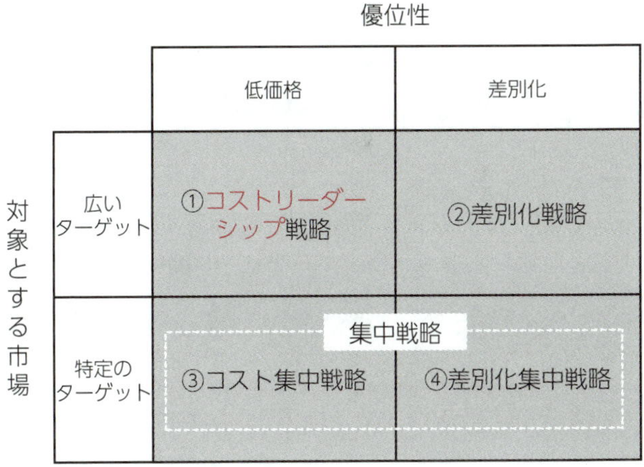

優位性

		低価格	差別化
広い ターゲット		①コストリーダー シップ戦略	②差別化戦略
特定の ターゲット		集中戦略 ③コスト集中戦略	④差別化集中戦略

対象とする市場

（『中小企業白書2020年版』中小企業庁編　p.Ⅱ-5をもとに作成）

- 図表1−3−2は、競争戦略の4つの類型のうち、各社の競争戦略に最も近いものを確認し、業種別に集計したものである。全体

151

としては、「④差別化集中戦略」を採る企業が**最も多く**、次いで、「②差別化戦略」を採る企業が多く、低価格ではなく、**差別化による優位性構築を志向する企業が多い**。また、「宿泊業、飲食サービス業」「小売業」「不動産業、物品賃貸業」では、広い市場を対象とした、「②差別化戦略」や「①コストリーダーシップ戦略」を回答する企業が比較的多くなっている。

図表１－３－２　業種別、競争戦略

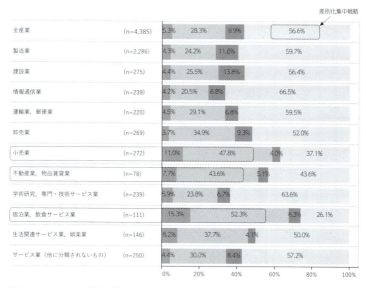

資料：(株)東京商工リサーチ「中小企業の付加価値向上に関するアンケート」
(注)「全産業」では、業種不明の企業は除外して集計している。

(『中小企業白書2020年版』中小企業庁編　p.Ⅱ-6をもとに作成)

中小企業経営・中小企業政策

2）競争戦略と業績などへの影響

- （株）東京商工リサーチ「中小企業の付加価値向上に関するアンケート」に基づき、競争戦略と営業利益率の関係を見ると、特定市場をターゲットにした集中戦略、なかでも、「④差別化集中戦略」を採る企業の営業利益率が高い。
- 競争戦略と労働生産性の関係を見ると、「①コストリーダーシップ戦略」を採る企業の労働生産性がやや高くなっているものの、戦略ごとでの大きな差は見られない。

③ 事業領域・分野の見直し

- 「中小企業の付加価値向上に関するアンケート」に基づき、企業のバリューチェーン上の主たる事業領域を1つに特定した際の、その事業領域別に企業数の割合を確認すると、「最終製品の組立・製造」「サービス・メンテナンス」「部品の製造」を主たる事業領域とする企業が多い。

  なお、バリューチェーンとは、自動車や衣服などの商品を最終的なユーザーに提供するまでの、企画、開発・設計、組立・製造、販売、サービスといった価値創造の工程の連なりをいう。

④ 製品・サービスの差別化

1）差別化への取組

「中小企業の付加価値向上に関するアンケート」に基づくと、新製品・サービス開発の際にきっかけとなる発想としては、製造業・非製造業ともに、「自社顧客のニーズに応えるという発想」（製造業57.1％、非製造業52.1％）が最も多く、次いで「自社が保有する技術やノウハウを活かすという発想」（製造業26.9％、非製造業22.4％）が多い。

また、企業が差別化に当たって直面した、あるいは直面している課題としては、製造業・非製造業ともに、「スキルや知識を有する人材の不足」（製造業71.3％、非製造業70.7％）が最も多く、次いで「人員数の不足」（製造業46.4％、非製造業64.4％）が多い。

2）海外展開成功のためのポイント

「中小企業の付加価値向上に関するアンケート」に基づき、海外展開を成功させるうえで重要なポイントを確認すると、「現地での

ビジネスパートナーの確保(販売先・提携先など)」「海外ビジネスを担う人材の確保・育成」「現地市場・制度・商慣習の調査」を回答する企業が多い。

⑤ 無形資産の有効活用
1)知的財産権の活用
- 我が国の中小企業は、およそ358万者と全企業数の99.7%を占め、また、付加価値額で見ても、52.9%を中小企業が占めている。それに対して、内国法人による**特許出願件数**を見ると、総件数に占める中小企業の割合は14.9%となっており、また、**特許現存権利件数**で見ても、14.5%と極めて**低く**なっている(図表1-3-3参照)。

図表1-3-3　特許出願件数・現存権利件数に占める中小企業割合

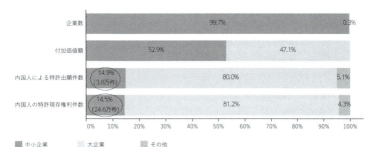

資料:総務省・経済産業省「平成28年経済センサス・活動調査」再編加工、特許庁総務部普及支援課調べ
(注)1.企業数は2016年、付加価値額は2015年、特許出願件数・特許現存権利件数は2018年の数値を集計している。
2.企業の規模区分については、中小企業基本法(昭和38年法律第154号)による。
3.「その他」には国・自治体(独法含む)、その他法人、個人が含まれる。
4.企業数、付加価値額は「中小企業」と「大企業」の合計、内国人による特許出願件数、内国人の特許現存権利件数は「中小企業」、「大企業」、「その他」の合計を集計している。
5.「中小企業」、「大企業」、「その他」の合計値については以下のとおり。企業数:358.9万者、付加価値額:255.6兆円、内国人による特許出願件数:25.4万件、内国人の特許現存権利件数:169.1万件。

(『中小企業白書2020年版』中小企業庁編　p.Ⅱ-88をもとに作成)

- 特許庁総務部普及支援課調べ(2018年出願)によると、**実用新案**の登録出願件数の**55.8**%、意匠の登録出願件数の**37.3**%、商

中小企業経営・中小企業政策

標の登録出願件数の61.4％を、それぞれ中小企業が占めている。また、内国法人の国際出願を見ると、特許のPCT国際出願件数については9.1％、商標の国際登録出願（マドプロ）件数については52.3％と、中小企業も一定程度の国際出願を行っている。

● 総務省・経済産業省「平成28年経済センサス－活動調査」（再編加工）、特許庁総務部普及支援課調べ（2018年出願）に基づき、中小企業による特許、意匠、商標の出願件数の業種別比率を見ると、特許、意匠ともに「製造業」「卸売業、小売業」といった業種が多数を占めているが、商標になると、特許、意匠と比較して「サービス業」の割合が大きくなっている。

● 近年、知的財産戦略を経営戦略と結びつけて考える企業を中心に、「知的財産権ミックス」とよばれる取組が進んできている。知的財産権ミックスとは、1つの製品やサービスについて、特許に加え、意匠や商標を含めた複数の知的財産権により複合的な保護を図るものであり、これにより、技術、デザイン、ブランドの模倣に多面的に対抗することが可能となる。

　ただし、こうした知的財産権ミックスの動きは大企業に比べて、中小企業では遅れている。特許庁総務部普及支援課調べ（2018年出願）に基づき、特許と商標を両方組み合わせる企業を見ると、大企業では18.9％に対して、中小企業では6.4％にすぎない。さらに、特許、意匠、商標全てを併せて出願した大企業は14.9％に及ぶが、中小企業は1.6％のみである。

● 大企業に比べて、中小企業のほうが知的財産権の使用に向けた意識が高い。たとえば、「平成30年中小企業実態基本調査」、経済産業省「平成30年企業活動基本調査」再編加工に基づき、取得した特許の使用率を見ると、大企業では33.8％であるのに対して、中小企業では75.3％と、防衛目的というよりは、使用を前提として特許を取得していることがわかる。さらに、特許以外の権利についての使用率は8割を超えるなど、中小企業による知的財産権の取得は使用に直結しているととらえることができる。

2）人的資本投資

1）GDP（国内総生産）に占める企業の能力開発費の割合を時系

列で国際比較したものを見ると、日本は米国・英国・フランスなど欧米主要国と比較して、GDPに占める能力開発費（**OFF-JT**）の比率が著しく**低く**、また、OFF-JTの割合は長期的に減少傾向にある（図表１－３－４参照）。

図表１－３－４　GDPに占める企業の能力開発費の割合の国際比較

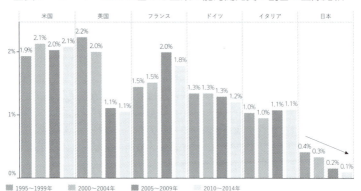

資料：厚生労働省「平成30年版 労働経済の分析」
注：1.内閣府「国民経済計算」、JIPデータベース、INTAN-Invest databaseを利用して学習院大学経済学部宮川努教授が推計したデータをもとに厚生労働省が作成。
2.能力開発費が実質GDPに占める割合の5か年平均の推移を示している。なお、ここでは能力開発費は企業内の研修費用などを示すOFF-JTの額を指し、OJTに要する費用は含まない。

（『中小企業白書2020年版』中小企業庁編　p.Ⅱ-103をもとに作成）

⑥　外部連携・オープンイノベーションの推進
　１）外部連携
　　● 「中小企業の付加価値向上に関するアンケート」に基づき、連携をする分野別（「業務委託（アウトソーシング）」「業務提携（パートナーシップ）」「資本提携」の３つ）に、企業の外部連携への取組状況を見ると、**製造業**では、「**生産**」「**物流**」分野での業務委託を中心に外部連携に取り組む企業の割合が高い一方、「企画」「調達」「販売・サービス」分野で連携する企業の割合が低い。**非製造業**では、「生産」「物流」に加えて、「**設計・デザイン**」「**販売・**

中小企業経営・中小企業政策

サービス」の分野での連携も進んでいる一方、「企画」「研究開発」「調達」分野で連携する企業の割合は低い。

2）オープンイノベーション

製品・サービスの高度化・複雑化・モジュール化、製品・サービスのライフサイクルの短期化や新興国プレイヤーも含めた競争の激化から、これまでの自前主義でのイノベーションには限界が来ており、外部の技術やノウハウを活用し、新しい技術開発や新しい製品化・サービス化を実現する**オープンイノベーション**の重要性が指摘されている。

なかでも、外部技術を自社内に取り込み連携をする「**アウトサイドイン型**」や自社の技術・知識を社外に発信することで連携を促す「**インサイドアウト型**」だけでなく、広く連携先を募り共同開発をしていく「**多対多の連携型**」へと取組が広がっているといわれている。

「中小企業の付加価値向上に関するアンケート」に基づき、3つのオープンイノベーションのタイプ別に、取組状況を見ると、「アウトサイドイン型」に取り組む企業の割合は製造業、非製造業でそれぞれ19.0%、16.1%存在する一方で、「インサイドアウト型」は12.0%、8.4%、「多対多の連携型」は4.2%、4.5%にとどまる。

❷▶付加価値の獲得に向けた適正な価格設定……………………

① 優位性の価格への反映

図表1-3-5は、自社の主な製品・サービスの優位性について、競合他社と比較して「大きく優位」または「やや優位」と回答した企業（以下、「**優位性の有る企業**」という。）に対して、その優位性が価格に十分に反映されているかを確認したものである（以下、「**優位性の価格反映状況**」という。）。

同図表を見ると、優位性の有る企業の中でも、**約半数**の企業は「十分に反映されていない」と考えていることがわかる。顧客の属性別に見ると、消費者向けに製品・サービスを販売する企業（以下、「**B to C企業**」という。）よりも、事業者向けに製品・サービスを販売する企業（以下、「**B to B企業**」という。）のほうが「十分に反映されていない」と考えている企業の割合が**1**割多いこともわかる。

すなわち、差別化が進み優位性を構築することができている企業ほど、価格競争に巻き込まれず、自社の設定したい価格に設定することができるはずであるが、それでも優位性の有る企業の半数で、優位性が価格に十分に反映されていないという実態が見て取れる。

　また、業種別の優位性の価格反映状況を見ると、「運輸業、郵便業」など相対的に優位性を価格に十分に反映するのが難しい業種が存在することがわかる。

図表１－３－５　優位性の有る企業における、優位性の価格反映状況

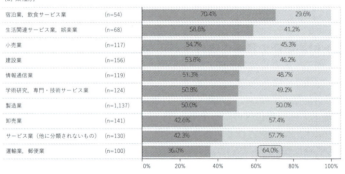

資料：(株)東京商工リサーチ「中小企業の付加価値向上に関するアンケート」
(注)1.競合他社と比較した際の自社の主な製品・サービスの優位性（総合評価）について、「大きく優位」又は「やや優位」と回答した企業に対して、優位性が価格に十分に反映されているかを聞いたもの。
2.サンプル数の少ない「不動産, 物品賃貸業」については表示していない。

（『中小企業白書2020年版』中小企業庁編　p.Ⅱ-147をもとに作成）

中小企業経営・中小企業政策

② 価格設定における3つの視点

企業が販売価格を設定する際に考慮すべき視点として、①**コスト起点型**：コストを回収し、一定の利益を確保できる価格に設定する（自社がいくらで売りたいか）、②**競合起点型**：業界平均や競合他社の価格を参考に設定する（いくらで売られているか）、③**顧客起点型**：顧客に受け入れられる価格に設定する（いくらまでなら買ってもらえるか）の3つをあげ（3つの類型をまとめて「**価格設定類型**」という。）、これらのうち最も重視している視点別に企業を類型化して確認する。

「中小企業の付加価値向上に関するアンケート」に基づき、優位性の有る企業における価格設定類型の分布を見ると、「**コスト起点型**」企業が約6割と**最も多く**、また、**B to C企業**ではB to B企業に比べて相対的に「**顧客起点型**」企業が多い。

❸▶付加価値の獲得に向けた取引関係の構築‥‥‥‥‥‥‥‥‥‥

① 中小企業と下請構造

大手企業を頂点とした重層的な取引構造は「系列取引（構造）」とよばれ、このような取引の階層構造のなかで、中小企業はしばしば「下請事業者」として位置づけられ、相対的に立場の弱い存在として認識されることがある。

一方で、1990年代以降、グローバル化やICT化の進展により、長期安定的な取引関係から、多数の取引先との多面的な取引関係への移行も指摘されており、このような変化に対応することで、高いパフォーマンスを発揮している中小企業も多数存在していると考えられる。

ここでは、中小企業庁「中小企業実態基本調査」を利用し、下請事業者の実態について確認する。

- 受託取引のある事業者（以下、「**受託事業者**」という。）を広義の下請事業者としてとらえ、直近5年間の受託事業者の数および割合の推移を見ると、受託事業者は中小企業全体のうち5％程度存在しており、直近5年間で**大きな変動はない**。
- 業種別に受託事業者の割合を確認すると、受託事業者の割合が最も高い業種は、「**情報通信業**」であり、次いで「製造業」「運輸業、

郵便業」が高い。

② 取引関係と中小企業

　ここでは、(株) 帝国データバンクが「令和元年度取引条件改善状況に関する調査等事業」で実施したアンケート（「取引条件改善状況調査」）の結果を利用し、発注側事業者と受注側事業者との取引関係の実態等を確認する。

- 受注側事業者の常時取引を行っている販売先数（以下、「**販売先数**」という。）別に、最も多く取引をしている販売先への依存度（以下、「**取引依存度**」（最も多く取引している販売先への販売額÷総売上高×100）という。）別の企業割合を見ると、**販売先数が多い**企業ほど特定の企業に対する**取引依存度が低い**企業の割合が高くなる。

- 販売先数と取引依存度別に**売上高の増加率**を見ると、販売先数が151社以上の企業や51～150社の企業においては取引依存度が「30％超～50％」の企業で売上高の増加率が最も高くなっている。⇒販売先数が増加するほど特定の企業に対する取引依存度は低下する傾向にあるものの、**取引の中心となる企業を有している**ことが重要であると考えられる。

第4章 小規模企業白書2020年版第2部： 地域で価値を生み出す小規模事業者

❶▶地域の課題と小規模事業者の存在感‥‥‥‥‥‥‥‥‥

① 人口減少・少子高齢化と地域における小規模事業者

- 事業所数、従業者数、売上高、付加価値額の各指標のうち、小規模事業所、中規模事業所、大事業所それぞれが占める構成割合を**人口密度区分別**に確認すると、いずれの指標においても、最も人口密度が低い「**区分1**」の地域では小規模事業所の占める割合が高くなっている（図表1－4－1参照）。

中小企業経営・中小企業政策

図表1-4-1　人口密度区分別に見た、小規模事業者の存在感

① 規模別事業所数の構成割合

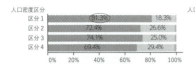

② 規模別従業者数の構成割合

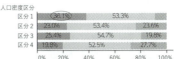

③ 規模別売上高の構成割合

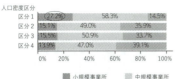

④ 規模別付加価値額の構成割合

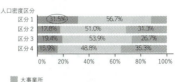

資料：総務省・経済産業省「平成28年度経済センサス-活動調査」再編加工
(注)1.事業所数、従業員数、売上高、付加価値額はそれぞれ、事業所単位での集計となっている。
2.ここでいう「小規模事業所」とは、総従業者20人以下（卸売業、小売業、飲食店、サービス業は5人以下）の事業所（一部の政令指定業種を除く）をいう。
3.総従業者300人以下（卸売業、サービス業は100人以下、小売業、飲食業は50人以下）の事業所を「中小事業所」とする（一部の政令指定業種を除く）。ここでいう「中規模事業所」とは、「中小事業所」のうち、「小規模事業所」に当てはまらない事業所をいう。
4.ここでいう「大事業所」とは、「中小事業所」以外の事業所をいう。
5.人口密度区分とは、人口密度の四分位で各市区町村を4つの区分（人口密度が小さいものから、区分1～区分4）に分けたもの。

（『小規模企業白書2020年版』中小企業庁編　p.Ⅱ-6をもとに作成）

- 図表1-4-2は、人口密度区分別に、「百貨店、総合スーパー」「野菜・果実小売業」「食肉小売業」「鮮魚小売業」の事業所の存在確率を見たものである。同図表によると、「百貨店、総合スーパー」は、最も人口密度が低い「区分1」の地域における存在確率が3.7%となっており、**人口密度が低い地域にはほとんど立地していない**。他方、「野菜・果実小売業」「食肉小売業」「鮮魚小売業」といった**各種の専門店**は、いずれの人口密度区分においても存在確率が50％以上となっており、**人口密度が低い地域でもある程度立地している**。⇒人口密度の低い地域ほど、こうした各種の専門店が、地域の住民の生活を支えているという実態が見て取れる。

161

図表１−４−２　人口密度区分別に見た、食料品小売業などの事業所の存在確率

①百貨店，総合スーパー

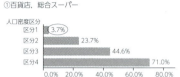

②野菜・果実小売業

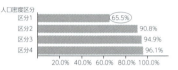

③食肉小売業

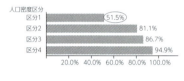

④鮮魚小売業

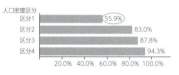

資料：総務省・経済産業省「平成28年経済センサス-活動調査」再編加工
(注)1.ここで用いている存在確率とは、「各人口密度区分において当該業種の事業所が立地している市区町村数」を「各人口密度区分の市区町村数」で割ったものである。
2. 人口密度区分とは、人口密度の四分位で各市区町村を４つの区分（人口密度が小さいものから、区分１〜区分４）に分けたもの。

（『小規模企業白書2020年版』中小企業庁編　p.Ⅱ-7をもとに作成）

② 地域課題の認識と地域課題解決に対する期待

　図表１−４−３は、小規模事業者、住民双方の地域課題に対する認識について、回答割合の高い順に整理したものである。同図表によると、以下のような傾向がある。

- 事業者側、住民側ともに「商店街や中心市街地等の衰退」の回答割合が最も高くなっている。また、「交通インフラの脆弱化」や「生活必需品・サービスを扱う店舗の減少」といった回答も上位に入っており、こうした地域の生活インフラに関する課題が顕在化している。
- 事業者側では「働き手の不足」、住民側では「働く場所の不足」の割合が２番目に高くなっており、**地域内での労働市場のミスマッチ**が示唆される。
- 事業者側では「地場産業の衰退・不在」や「観光資源の不足」を課題としてあげている割合も高い。

中小企業経営・中小企業政策

図表１－４－３　事業者、住民別の地域課題に対する認識

	事業者	住民
1位	商店街や中心市街地等の衰退 (31.5%)	商店街や中心市街地等の衰退 (24.1%)
2位	働き手の不足 (24.6%)	働く場所の不足 (13.4%)
3位	地場産業の衰退・不在 (18.2%)	交通インフラの脆弱化 (11.5%)
4位	働く場所の不足 (6.1%)	働き手の不足 (10.4%)
5位	観光資源の不足 (4.2%)	医療・介護施設の不足 (7.0%)
6位	生活必需品・サービスを扱う店舗の減少 (3.3%)	生活必需品・サービスを扱う店舗の減少 (5.8%)
7位	交通インフラの脆弱化 (3.1%)	地場産業の衰退・不在 (5.5%)
8位	祭りや伝統行事・イベントの減少 (2.0%)	高齢者支援 (見守り等) の不足 (4.5%)
9位	その他 (1.8%)	保育機能の不足 (3.3%)
10位	親睦・交流行事の減少 (1.3%)	観光資源の不足 (3.2%)

資料：みずほ情報総研（株）「地域における小規模事業者の事業活動等に関する調査」、
みずほ情報総研（株）「普段の生活と地域とのかかわりに関するアンケート」
(注)1.回答数（n）は以下のとおり。事業者：n=4,655、住民：n=3,491。
2.事業者において、「地域課題はない」と回答した者（n=424）は除いている。
3.住民において、「地域課題はない」と回答した者（n=509）は除いている。

（『小規模企業白書2020年版』中小企業庁編　p.Ⅱ-11をもとに作成）

❷ ▶地域の生活を支える小規模事業者⋯⋯⋯⋯⋯⋯⋯⋯⋯⋯⋯⋯

① 商店街の現状と課題

　　ここでは、商店街の抱える現状と課題について、ランドブレイン(株) が「商店街実態調査」において実施した商店街を対象としたアンケート調査（「商店街実態調査」）を基に確認する。

- 業種別の直近３年間の店舗数の変化を、人口密度区分別に見ると、「**飲食店**」「**サービス店**」では、**人口密度が低い地域**の商店街ほど店舗が**減少**している。一方、「買回り品小売店（百貨店、大型ディスカウント店等）」「買回り品小売店（衣料品、身の回り品店等）」「最寄品小売店」では、人口密度が２番目に低い「**区分2**」において、店舗数が**減少**している割合が最も高くなっている。この理由として、「区分1」では、これらの店舗数がすでに少なくなっており、その結果、新たに減少した割合が「区分2」に比べて低いことが推察される。
- 人口密度区分別に空き店舗の有無を見ると、**全ての区分**におい

163

て、**7**割以上の商店街で「空き店舗がある」という状況になっている。
- 商店街が空き店舗対策として行っている、または、行ってみたい取組について見ると、「**特に関与していない**」が57.6％を占めており、商店街として、空き店舗問題について十分な対策が検討・実行されていない。
- 空き店舗対策に必要な**行政の支援**について見ると、「一時的な穴埋めではなく、『**まちづくり**』**計画**の立案情報の提供」と回答する商店街が、「家賃補助、改装補助などの支援措置」「新規出店者等の誘致」との回答を上回って**最も多く**なっている。

② 地域における生活インフラと小規模事業者
- 住民に対して、生活を行う上で不便を感じていることについて確認すると、36.2％が「**娯楽**施設の利用」に、31.6％が「**医療・福祉**施設の利用」に、31.0％が「飲食店の利用」に、23.8％が「生活必需品の購入」にそれぞれ不便さを感じている（図表1－4－4参照）。

図表1－4－4　生活を行う上で不便と感じていること

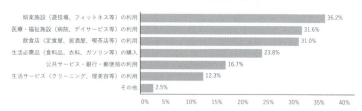

資料：みずほ情報総研（株）「普段の生活と地域とのかかわりに関するアンケート」
(注)1.複数回答のため、合計は必ずしも100％にはならない。
2.回答数（n）は、n=4,000。

（『小規模企業白書2020年版』中小企業庁編　p.Ⅱ-34をもとに作成）

- 人口密度区分別に、住民が最も頻繁に利用する各種店舗が小規模事業者である割合を見ると、「**医療・福祉施設**」を除く各種店舗において、**人口密度が低い地域**ほど小規模事業者を利用している

中小企業経営・中小企業政策

住民の割合が高くなっている（図表1－4－5参照）。

図表1－4－5　人口密度区分別に見た、最も頻繁に利用している各種店舗が小規模事業者である割合

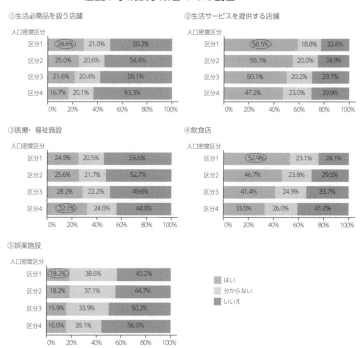

資料：みずほ情報総研（株）「普段の生活と地域とのかかわりに関するアンケート」
(注)1.人口密度区分とは、人口密度の四分位で各市区町村を4つの区分（人口密度が小さいものから、区分1～区分4）に分けたもの。
2.各人口密度区分の回答数（n）は以下のとおり。
区分1：n=833、区分2：n=971、区分3：n=1,002、区分4：n=1,092。

（『小規模企業白書2020年版』中小企業庁編　p.Ⅱ-48をもとに作成）

❸▶地域における雇用と小規模事業者‥‥‥‥‥‥‥‥‥‥‥‥‥‥

① 地域における人手不足と小規模事業者の人材確保

- 総務省「労働力調査（基本集計）都道府県別結果（モデル推計）」に基づき、完全失業率の推移を都道府県別に、2015年と2019年を比較すると、全ての都道府県で**完全失業率は下降**している。
- 厚生労働省「一般職業紹介状況」に基づき、有効求人倍率を都道府県別に見ると、2015年から2019年にかけて、全ての都道府県で**上昇**傾向にあり、2019年時点では、全ての都道府県で倍率が1.0を超えており、**求職者数よりも求人数が上回っている**。

② 女性・高齢者の雇用実態

1）地域における女性・高齢者の就業状況

- 総務省「平成29年就業構造基本調査」再編加工に基づき、男女別・年齢区分別・人口密度区分別に就業率を確認すると、男性では人口密度区分による地域間での格差はほとんど見られないものの、**女性では人口密度が**低い**地域**ほど、就業率が総じて**高い**傾向にある。また、男女ともに**人口密度が**低い**地域**ほど、**60歳以上**の就業率が**高い**。
- 総務省「平成29年就業構造基本調査」再編加工に基づき、人口密度区分別に就業者の男女構成を確認すると、就業者の男女構成は、地域間で大きな差はない（おおむね、男性55％、女性45％の割合）。
- 総務省「平成29年就業構造基本調査」再編加工に基づき、人口密度区分別に就業者の年齢構成を確認すると、**人口密度が**低い**地域**ほど、全就業者に占める**「60歳以上」の割合が高くなる**。

2）企業規模別に見た女性・高齢者の雇用実態

- 総務省・経済産業省「平成28年経済センサス－活動調査」再編加工に基づき、人口密度区分別に、事業所規模別従業者数の構成割合を確認すると、**人口密度が**低い**地域**ほど、**小規模事業所で働く従業者**の割合がおおむね**高い**。
- 総務省「平成29年就業構造基本調査」再編加工に基づき、従業者規模別に従業者の男女構成を見ると、従業者規模が**小さい**企業ほど全従業者に占める**女性従業者の割合が高い**。

中小企業経営・中小企業政策

- 総務省「平成29年就業構造基本調査」再編加工に基づき、従業者規模別に従業者の年齢構成を見ると、従業者規模が**小さい**ほど、全従業者に占める**60歳以上の従業者割合**が高い。
- 総務省「平成29年就業構造基本調査」再編加工に基づき、**女性**および**60歳以上**の従業者の雇用形態を従業者規模別に確認すると、女性・60歳以上の従業者の雇用形態ともに、「**1〜4人**」の企業において**正規**での雇用割合が**最も高く**なっている。
- 総務省「平成29年就業構造基本調査」再編加工に基づき、**女性**および**65歳以上**の従業者の就業年数を従業者規模別に確認すると、女性・65歳以上の従業者ともに、「**1〜4人**」の企業で**就業年数**が顕著に**長く**なっている。

3）女性・高齢者の復職先

- 総務省「平成29年就業構造基本調査」再編加工に基づき、新卒女性と出産・育児からの復職女性の就業先従業者規模を確認すると、新卒女性と比べて、**復職**した女性の就業先は、規模の**小さな**企業の割合が高い。
- 総務省「平成29年就業構造基本調査」再編加工に基づき、59歳以下の従業者と定年退職から復職した者の就業先従業者規模を確認すると、59歳以下の従業者に比べて、**定年退職**後の就業先は、規模の**小さな**企業の割合が高い。

❹▶付加価値の創出に向けた取組と地域活性化……………

① 地域別に見た小規模事業者の経営状況

- 総務省・経済産業省「平成28年経済センサス−活動調査」再編加工に基づき、人口密度区分別に小規模事業所の労働生産性を確認すると、**人口密度が低い**地域ほど、小規模事業所の**労働生産性は低い**。

② 小規模事業者における地域資源の活用

経営資源が限定的であるといわれる小規模事業者が、商品・サービスの優位性を獲得するためのひとつの有力な方法として、**地域資源の活用**が重要であると考えられる。なお、中小企業白書2020年版では、地域資源を、1）地域の特産物である**農林水産品**、2）地域の**伝統工**

芸品、3）地域の産業集積に由来した鉱工業品およびその技術、4）文化財、自然景観、温泉等の観光資源、5）その他、自社が地域に由来する資源と認識するもの、と定義している。

- 地域資源活用に当たり、連携・相談を行った相手を確認すると、「公的支援機関（商工会・商工会議所等）」という回答が最も多い（図表1－4－6参照）。なお、「最も役にたった連携・相談相手」としても、「公的支援機関（商工会・商工会議所等）」という回答が最も多い。

図表1－4－6　地域資源の活用に当たり、連携・相談を行った相手

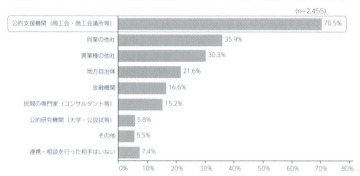

資料：みずほ情報総研(株)「地域における小規模事業者の事業活動等に関する調査」
(注)複数回答のため、合計は必ずしも100%とはならない。

（『小規模企業白書2020年版』中小企業庁編　p.Ⅱ-133をもとに作成）

第5章　小規模企業白書2020年版第3部：中小企業・小規模事業者と支援機関

❶▶中小企業支援策の活用

① 支援メニューの利用状況

　（株）野村総合研究所「中小企業の経営課題と公的支援ニーズに関するアンケート」に基づき、代表的な公的支援メニューの直近3年間の利用実績を企業規模別に確認すると、企業規模を問わず、「補助

中小企業経営・中小企業政策

金・助成金」が最も多く利用されている。

② 支援機関の利用状況

「中小企業の経営課題と公的支援ニーズに関するアンケート」に基づき、代表的な中小企業支援機関の直近３年間の利用実績を確認すると、「商工会・商工会議所」の利用実績者の割合が**５割を超えて**おり、「**日本政策金融公庫**」と「**信用保証協会**」については、**約４割**の者が利用実績を有している。

2 中小企業政策

第1章 中小企業政策の基本

❶▶中小企業基本法
■中小企業基本法の概要
① 法の目的
　中小企業政策について基本理念・基本方針などを定めるとともに、国および地方公共団体の責務などを規定することにより中小企業に関する施策を総合的に推進し、国民経済の健全な発展および国民生活の向上を図ること。
② 中小企業像
- 新たな産業の創出
- 就業の機会の増大
- 市場における競争の促進
- 地域における経済の活性化

| 二重構造における弱者 | | 我が国経済のダイナミズムの源泉 |

③ 基本方針
（政策理念）多様で活力ある中小企業の成長発展
（基本方針）

> 独立した中小企業者の自主的な努力を前提

- 経営の革新および創業の促進（ならびに創造的な事業活動の促進)
- 中小企業の経営基盤の強化
- 経済的社会的環境の変化への適応の円滑化（セーフティネットの整備）
- 資金の供給の円滑化および自己資本の充実

中小企業経営・中小企業政策

④　中小企業者の範囲

	製造業その他	卸売業	小売業、飲食店	サービス業
資本金額	3億円以下	1億円以下	5千万円以下	5千万円以下
従業員数	300人以下	100人以下	50人以下	100人以下

- 資本金額か従業員数の**どちらか**の条件が満たされれば、中小企業と認定
- 小規模企業者…常時使用する従業員数が**20**人以下（商業・サービス業は**5**人以下）の事業者

⑤　中小企業白書
　　中小企業の**動向**および政府が中小企業に関して講じた**施策**に関する年次報告書で、政府は毎年国会に提出

❷▶小規模基本法（小規模企業振興基本法）

■概要

　小規模企業の振興の基本原則として、小企業者（概ね従業員**5**人以下）を含む小規模企業について、中小企業基本法の基本理念である「成長発展」のみならず、技術やノウハウの向上、安定的な雇用の維持等を含む「事業の**持続**的発展」を位置づける。

　また、小規模企業施策について**5**年間の基本計画（小規模企業振興基本計画）を国（政府）が定め、政策の継続性・一貫性を担保する仕組みを作る。

■基本方針

1）国内外の多様な需要に応じた商品の販売または役務の提供の促進および新たな事業の展開の促進
2）小規模企業の経営資源の有効な活用ならびに小規模企業に必要な**人材**の育成および確保
3）地域経済の活性化ならびに地域住民の生活の向上および**交流の促進**に資する小規模企業の事業活動の推進
4）小規模企業への適切な支援を実施するための支援体制の整備等

＜中小企業基本法と小規模基本法の「基本方針」の比較＞

中小企業基本法	小規模基本法
① 経営の革新および創業の促進ならびに創造的な事業活動の促進	① 需要に応じた商品の販売、新事業展開の促進
② 中小企業の経営基盤の強化	② 経営資源の有効な活用、人材育成・確保
③ 経済的社会的環境の変化への適応の円滑化	③ 地域経済の活性化に資する事業活動の推進
④ 資金供給の円滑化および自己資本の充実	④ 適切な支援体制の整備

❸▶中小企業憲章

■基本理念

- 中小企業は、意思決定の素早さや行動力、個性豊かな得意分野や多種多様な可能性を持つ。経営者は、**企業家精神**に溢れ、自らの才覚で事業を営みながら、家族のみならず従業員を守る責任を果たす。
- 中小企業は、**社会の主役**として地域社会と住民生活に貢献し、**伝統技能**や**文化の継承**に重要な機能を果たす。中小企業は、**国家の財産**ともいうべき存在である。

第2章 中小企業施策

❶▶資金供給の円滑化および自己資本の充実

■主な支援機関

① 日本政策金融公庫

株式会社日本政策金融公庫法に基づく全額政府出資の政府系金融機関である。中小企業向けの融資（中小企業事業、国民生活事業）の他、信用補完制度において信用保証協会と**保険契約**を締結している。

② 信用保証協会

信用保証協会法に基づき、担保力や信用力が不足している中小企業者に対する事業資金の融通を円滑にすることを目的に設立された保証機関である。全国に計**51**協会がある。

中小企業経営・中小企業政策

③　中小企業投資育成株式会社

　　中小企業投資育成株式会社法に基づき、中小企業の自己資本の充実を促進し、その健全な成長発展を図るため、中小企業に対する投資等の事業を行うことを目的とした投資育成機関である。

　　地方公共団体、民間金融機関、民間保険会社等の出資により設立・運営され、東京、大阪、名古屋に設置されている。

　　原則として、資本金の額が3億円以下の株式会社（または資本金の額が3億円以下の株式会社を設立しようとする者）に対して投資（出資）を行う。

■主な制度

①　セーフティネット貸付制度

　　一時的に資金繰りに支障をきたしているが、中長期的には回復が見込まれる中小企業に対する融資制度である。日本政策金融公庫が行う。経営環境変化対応資金、金融環境変化対応資金、取引企業倒産対応資金の3つがある。

②　新創業融資制度

　　これから創業する者や税務申告を2期終えていない者に対して、事業計画（ビジネスプラン）等の審査を通じ、無担保、無保証人で融資する制度である。日本政策金融公庫が行う。

③　女性、若者／シニア起業家支援資金

　　業種にかかわらず、新規開業しておおむね7年以内の女性（年齢制限なし）、男性については若者（35歳未満）または高齢者（55歳以上）である者を対象に、日本政策金融公庫が行う。

④　セーフティネット保証制度

　　取引先の倒産、自然災害、取引金融機関の経営合理化等により経営の安定に支障を生じている中小企業について、一般の保証枠と別枠で信用保証協会が保証を行う制度である。

　　経営の安定に支障を生じているか否かの認定は、事業所の所在地を管轄する市町村長（または特別区長）が行う。

■中小企業に適用される税制

原則として、資本金 1 億円以下の中小企業（中小法人）は、年所得 800万円以下の部分についての法人税率の軽減や、交際費課税の緩和等の措置が講じられる。

❷▶中小企業等経営強化法に基づく支援………………………
■中小企業成長促進法

中小企業等経営強化法は、(旧) 中小企業新事業活動促進法を改正し、平成28年 7 月 1 日に施行された。そして、後述する「事業継続力強化計画」の創設に伴い、改正法（通称：中小企業強靱化法）が令和元年 7 月16日に施行された。さらに、「中小企業の事業承継の促進のための中小企業における経営の承継の円滑化に関する法律等の一部を改正する法律」（通称：**中小企業成長促進法**。主として経営承継円滑化法、中小企業等経営強化法、地域未来投資促進法の改正）により、中小企業等経営強化法も、大幅に改正された。以下に、その改正点を簡潔に記す（⑤は令和 3 年 4 月 1 日施行、⑤以外は令和 2 年10月 1 日施行）。

① 中小ものづくり高度化法（中小企業のものづくり基盤技術の高度化に関する法律）の廃止。⇒「研究開発」は中小企業等経営強化法の「新事業活動」として位置づけられる。
② 中小企業地域資源活用促進法（中小企業による地域産業資源を活用した事業活動の促進に関する法律）の廃止。⇒地域未来投資促進法に統括される。
③ 中小企業等経営強化法の「新事業活動」「経営革新」の見直し（後述）。
④ 中小企業等経営強化法の異分野連携新事業分野開拓計画（新連携計画）の廃止。
⑤ 中小企業等経営強化法の「技術革新」の支援（中小企業技術革新〔SBIR〕制度等）は、根拠法を「科学技術・イノベーション創出の活性化に関する法律」に移管。
⑥ 中小企業等経営強化法の「地域における」支援（地域プラットフォームの整備等）の廃止。

中小企業経営・中小企業政策

■新事業活動

新事業活動とは、次の「新たな取組み」のことである。

① 新商品の開発または生産

② 新役務（サービス）の開発または提供

③ 商品の新たな生産または販売の方式の導入

④ 役務（サービス）の新たな提供の方式の導入

⑤ 技術に関する**研究開発**およびその成果の利用（中小企業成長促進法により追加）、その他の新たな事業活動

ここでの「新たな」とは、地域や業種を勘案した新しい事業活動を指す。ただし、当該地域や業種において、すでに相当程度普及している技術・方式等の導入については支援対象とならない。

■経営革新計画

① 経営革新計画のスキーム

① 国（主務大臣）が基本方針を定める

② 中小企業者等（個別中小企業、任意グループ、組合等）が基本方針に基づき経営革新計画を作成

申請

③ **都道府県知事**等

④ 承認を受けると各種支援策の利用が可能

承認

単一の都道府県内にとどまる計画は**都道府県知事**、全国団体等による広域の案件は国（主務大臣）が承認

② 経営革新計画における数値目標

経営革新とは、事業者が新事業活動を行うことにより、その経営の

175

相当程度の向上を図ることをいう。

　経営革新計画には、新事業活動に関する内容のほかに「経営の相当程度の向上」を示す経営目標を盛り込むことが必要である。従来の指標は「付加価値額または従業員１人当たりの付加価値額」と「経常利益」の伸び率であったが、中小企業成長促進法により、「経常利益」が「給与支給総額」に変更された。

　また、従来の経営革新計画の計画期間は３〜５年であったが、これが、①計画期間３〜８年、②事業期間（計画期間のうち研究開発を除く新事業活動を実施する期間をいう。）３〜５年間に改められた。

　中小企業成長促進法によるそれぞれの指標の事業期間終了時における「伸び率」は下表のとおりである（注：「付加価値額」については変更なし）。

事業期間終了時	「付加価値額または従業員１人当たりの付加価値額」の伸び率	「給与支給総額」の伸び率
３年計画の場合	9％以上	4.5％以上
４年計画の場合	12％以上	6％以上
５年計画の場合	15％以上	7.5％以上

※　中小企業等経営強化法における算出方法

付加価値額＝営業利益＋人件費＋減価償却費
給与支給総額＝役員ならびに従業員に支払う給料、賃金および賞与のほか、給与所得とされる手当（残業手当、休日出勤手当、家族（扶養）手当、住宅手当等）を含み、給与所得とされない手当（退職手当等）および福利厚生費は含まない。

■経営力向上計画

① 経営力向上

　経営力向上とは、事業者が、事業活動に有用な知識または技能を有する人材の育成、財務内容の分析の結果の活用、商品または役務の需要の動向に関する情報の活用、経営能率の向上のための情報システムの構築その他の現に有する経営資源等を高度に利用する方法を導入し

て事業活動を行うことにより、経営能力を強化し、経営の向上を図ることをいう。

② 対象

中小企業者・小規模事業者に加え、以下の者も経営力向上計画の作成対象者となる。
- 中堅企業：資本金**10億円**以下または従業員数**2,000人**以下の会社および個人（中小企業者に該当する者を除く）

③ 経営力向上計画のスキーム

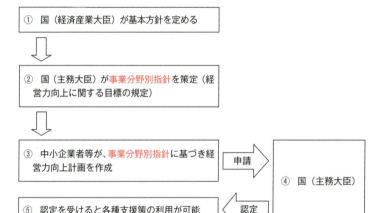

④ 経営力向上計画の内容

経営力向上計画（計画期間3～5年）には、①企業の概要、②現状認識、③経営力向上の目標および経営力向上による経営の向上の程度を示す指標、④経営力向上の内容などを盛り込む。計画の作成にあたっては、経営革新等支援機関の支援を受けることができる。

③については、原則として**労働生産性**を用い、原則として3年計画の場合は1％以上、4年計画の場合は1.5％以上、5年計画の場合は2％以上の伸び率が必要となるが、事業分野によって異なる目標を設定することができる。

■事業継続力強化計画
① 概要

　近年、大規模な自然災害が全国各地で頻発している。こうした自然災害は、個々の事業者の経営だけでなく、我が国のサプライチェーン全体にも大きな影響を及ぼすおそれがある。そこで、国は、中小企業の自然災害に対する事前対策（防災・減災対策）を促進するため、「中小企業の事業活動の継続に資するための中小企業等経営強化法等の一部を改正する法律（この改正法を総称して、**中小企業強靭化法**という）」を令和元年7月16日に施行した。この改正により、防災・減災に取り組む中小企業を支援するための「事業継続力強化計画」制度が創設された。

② 事業継続力強化計画

　事業継続力強化計画は、中小企業が自社の災害リスクを認識し、防災・減災対策の第一歩として取り組むために、必要な項目を盛り込んだものであり、支援措置を受けるために、将来的に行う災害対策等を記載するものである。認定を受けた中小企業は、防災・減災設備に対する税制優遇、低利融資、補助金の優先採択等を受けることができる。

③ スキーム

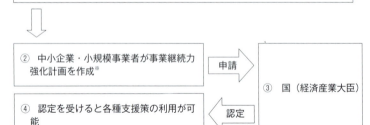

※　2者以上の中小企業者が連携して、連携事業継続力強化計画を作成・申請することもできる。

④ 制度利用のポイント

　防災・減災対策として必要な取組を計画として盛り込むことが必要である。具体的には、①企業の概要（連携型の場合は連携企業の概要）、②自然災害が事業活動に与える影響の認識（被害想定等）、③初動対応の内容、④事前対策の内容、⑤事前対策の実効性の確保に向けた取組などを申請書に記入することにより、認定を受けることができる。

　なお、計画期間は**3年以内**である（連携型も同じ）。

❸▶地域未来投資促進法

　地域未来投資促進法は、地域の特性を活用した事業の生み出す経済的効果に着目し、これを最大化しようとする地方公共団体の取組を支援するものである。

　基本方針に基づき、市町村および都道府県が基本計画を策定し、国の**同意**を得る。同意された基本計画に基づき事業者が策定する地域経済牽引事業計画（地域経済牽引事業：①地域の特性を生かして、②高い付加価値を創出し、③地域の事業者に対する相当の経済的効果を及ぼす事業）を都道府県知事が承認する。また、地域経済牽引事業の支援を行う「地域経済牽引支援機関」による連携支援計画を国が承認する。

＜地域未来投資促進法のスキーム＞

❹▶農商工等連携促進法

　この法律では、①中小企業者と農林漁業者が有機的に連携して新商品・新サービスの開発等を行う農商工等連携事業計画を共同で、②特定非営利活動（NPO）法人、一般社団法人、一般財団法人が、中小企業者と農林漁業者との連携を支援する農商工等連携支援事業計画をそれぞれ

作成し、国（主務大臣）の認定を受けると、各種支援措置が講じられる。
スキームは下図のとおりである。

```
① 国（主務大臣）が基本方針を定める
          ↓
②-(1) 中小企業者と農林漁業者が基本方針に基づき農商工等連携事業計画を共同で作成  →申請→
②-(2) NPO法人等が基本方針に基づき農商工等連携支援事業計画を作成  →申請→   ③ 国（主務大臣）
④ 認定を受けると各種支援策の利用が可能  ←認定←
```

❺▶経営基盤の強化

■中小企業組合制度

<主要な組合制度の概要>

	事業協同組合	企業組合	協業組合	商工組合	商店街振興組合
根拠法	中小企業等協同組合法		中小企業団体の組織に関する法律		商店街振興組合法
目的	組合員への直接の奉仕、組合員の経営合理化および経済活動の機会の確保	組合員への直接の奉仕、組合員の経営合理化	事業規模の適正化による生産性向上、共同利益の増進	資格事業の改善発達、経営の安定合理化	組合員への直接の奉仕、組合員の経営合理化、商店街地域の環境整備
事業	組合員の事業に関する共同経済事業、資金の貸付け、福利厚生、債務保証、その他	定款に掲げる事業（商業・工業、鉱業、サービス業、その他）	協業の対象事業、関連事業、附帯事業	指導教育事業、共同経済事業（出資組合のみ）、その他	組合員の事業に関する商店街の環境整備事業、共同経済事業

中小企業経営・中小企業政策

	事業協同組合	企業組合	協業組合	商工組合	商店街振興組合
設立要件	4人以上の事業者	4人以上の個人	4人以上の事業者	1都道府県以上の区域を地区として地区内で資格事業を行うものの2分の1以上が加入すること	1都道府県以内の区域を地区として小売商業またはサービス業を営む事業者の30人以上が近接してその事業を営むこと
責　任	有限責任	有限責任	有限責任	有限責任	有限責任
発起人数	4人以上	4人以上	4人以上	4人以上	7人以上
加　入	自由	自由	組合の加入の承諾	自由	自由
任意脱退	自由	自由	持分譲渡による	自由	自由
組合員比率	ない	全従業員の3分の1以上が組合員	ない	ない	ない
従事比率	ない	全組合員の2分の1以上が組合事業に従事	ない	ない	ない
議決権	1人1票	1人1票	平等（ただし、出資比例の議決権も認める）	1人1票	1人1票
組織変更	協業組合／商工組合／株式会社へ	協業組合／株式会社へ	株式会社へ	事業協同組合へ（出資組合のみ）	不可
平成31年3月末の組合数※	28,320	1,724	720	1,148（連合会は49）	2,482（連合会は113）

※　どの組合も数は減少している。

■高度化事業

　高度化事業は、中小企業者が共同で工場団地を建設したり、商店街にアーケードを設置したりする事業などに対し、都道府県と中小企業基盤整備機構が財源を出し合い、事業計画等に対するアドバイスを行いながら、長期・低利の融資（設備資金）などを行う事業である。

　高度化事業には①中小企業者が事業協同組合などを設立して共同・連携して経営基盤の強化などに取り組む事業、②地方公共団体と地元産業界が協力して設立する第3セクターなどが、当該地域の中小企業者や起業家を支援するための施設を整備する事業がある。

＜高度化事業の種類＞

種　類	事 業 名	内　　容
中小企業者が実施する事業	集団化事業	工場を拡張したいが隣接地に用地を確保できない、騒音問題のため操業に支障があるなどの問題を抱える中小企業者が集まり、適地に設備の整った工場を新設し、事業の拡大・効率化、公害問題の解決を図る。
	集積区域整備事業	商店街に、アーケードやカラー舗装、駐車場などを整備したり、各商店を改装し、商店街の魅力・利便性を向上させ集客力を高める。
	施設集約化事業	大型店の出店などに対抗するため、地域の中小小売商業者らが、共同で入居するショッピングセンターを建設し、集客力・販売力を向上させる。
	共同施設事業	中小企業者が共同で利用する共同物流センター、加工場や倉庫などの施設を建設し、事業の効率化、取引先の拡大を図る。

中小企業経営・中小企業政策

第3セクター等が行う事業	地域産業創造基盤整備事業	起業家を支援するインキュベーション施設などを設置し運営する事業。
	商店街整備等支援事業	商店街活性化・集客力向上のため、多目的ホール、駐車場、共同店舗などを設置し運営する事業。

■下請代金支払遅延等防止法

① 下請代金支払遅延等防止法の適用範囲

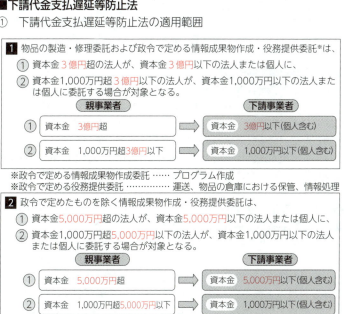

② 親事業者の義務
1）発注書面の交付義務
　委託後、**直ちに**、給付の内容、下請代金の額、支払期日および支払方法等の事項を記載した書面を交付する義務。
2）下請取引の内容を記録した書類の作成、保存義務
　委託後、給付、給付の受領（役務の提供の実施）、下請代金の支

払等について記載した書類等を作成し、**2年間**保存する義務。

3）下請代金の支払期日を定める義務

下請代金の支払期日について、給付を受領した日（役務の提供を受けた日）から**60日**以内で、かつできる限り短い期間内に定める義務。

4）遅延利息の支払義務

支払期日までに支払わなかった場合は、給付を受領した日（役務の提供を受けた日）の**60日**後から、支払を行った日までの日数に、年率**14.6％**を乗じた金額を遅延利息として支払う義務。

■中小企業退職金共済制度

中小企業退職金共済法に基づき、単独では従業員のための退職金制度を設けることが困難な中小企業に対し、事業主の相互共済の仕組みと**国**の助成によって運営される。中小企業者が、**勤労者退職金共済機構**と従業員ごとに退職金共済契約を結び、毎月一定額の掛金を納付することにより、従業員が退職する際には、同機構から所定の退職金が**直接**従業員に支払われる。また、掛金は全額損金または**必要経費**として扱われる。

❻▶環境変化への対応

■中小企業倒産防止共済制度（経営セーフティ共済）

中小企業倒産防止共済法に基づき、中小企業の連鎖倒産防止と経営安定を目的として**中小企業基盤整備機構**が運営する共済制度である。

1年以上継続して事業を行っている中小企業者であって、掛金納付月数が**6カ月**以上ある加入者について、取引先企業が倒産した場合、売掛金や受取手形などの回収が困難になった額と、積み立てた掛金総額（上限800万円）の10倍に相当する額のうち、いずれか**少ない**額（上限8,000万円）の貸付が無担保、無保証人、**無利子**で受けられる。ただし、貸付を受けた場合は、その額の**10分の1**に相当する額が掛金総額から減額される。また、掛金は全額損金または**必要経費**として扱われる。

中小企業経営・中小企業政策

❼▶中小企業の事業承継および再生支援‥‥‥‥‥‥‥‥‥‥‥‥
■経営承継円滑化法（中小企業における経営の承継の円滑化に関する法律）に基づく支援

　後継者が、相続・贈与により、経営承継法に係る**都道府県知事**の認定を受けた非上場株式等を先代経営者から取得し、その会社を経営していく場合、その後継者が納付すべき相続税・贈与税の納税が猶予される。ただし、相続・贈与前から後継者がすでに保有していた議決権株式を含め発行済完全議決権株式総数の３分の２に達するまでの部分に限られる。

＜経営承継法の納税猶予額（原則）＞

相続税	課税価格の80％
贈与税	全額（100％）

　なお、平成30年度税制改正において、事業承継時の贈与税・相続税の納税を猶予する事業承継税制が大きく改正され、10年間限定の特例措置が設けられた（特例承継計画制度）。
　主な特例措置の内容は以下のとおりである。
1）本来の事業承継税制では、納税猶予措置は、相続・贈与前から後継者（親族外も対象）がすでに保有していた議決権株式を含め、発行済完全議決権株式総数の３分の２に達するまでの部分に限られている。これが、特例の適用を受けると、対象株式の制限が**なくなる**（**全**株式が納税猶予の対象となる）。
2）本来の事業承継税制では、相続税の納税猶予割合は80％である。これが、特例の適用を受けると、相続税についても、納税猶予割合が**100**％となる。
3）本来の事業承継税制では、事業承継後５年間平均で、雇用の**8割**を維持しなければならないという雇用要件がある。これが、特例の適用を受けると、雇用を維持できなかった場合でも納税猶予が継続可能となる（ただし、経営悪化等が理由の場合、認定支援機関の指導助言が必要となる）。

　なお、平成31年度（令和元年度）税制改正によって**個人**版事業承継

税制が創設され、**個人**の事業用資産（事業用の宅地、建物等）についての相続税・贈与税の納税猶予（ともに**100**％）が認められるようになった。

■中小企業再生支援協議会

産業競争力強化法に基づき、**各都道府県**に設置された支援機関（相談機関）である。

経済産業大臣が認定した商工会議所、商工会連合会、都道府県等中小企業支援センター等に設置され、中小企業者の再生に関する相談に対して課題解決に向けた適切なアドバイスを実施している。

■事業引継ぎ支援センター

産業競争力強化法に基づき、中小企業者等の後継者マッチング等を支援するために設立された専門機関（相談機関）である。**各都道府県**に設置されている。相談は無料である。

❽▶小規模企業対策

■小規模企業共済制度

小規模企業共済法に基づき、小規模企業の経営者が廃業や退職に備え、生活の安定や事業の再建を図るための資金をあらかじめ準備しておくための共済制度であり、いわば**経営者**の退職金制度である。

中小企業基盤整備機構が運営を行い、小規模企業の経営者が掛金を積み立て、廃業や役員の退職などの給付事由（共済事由）が発生した場合、共済金を一括または分割で支払う。掛金は全額**所得控除**される。

① 対象
- 常時使用する従業員が20人以下（商業・サービス業の場合は5人以下。ただし、**宿泊業・娯楽業**は20人以下）の個人事業主、共同経営者または会社の役員
- 事業に従事する組合員の数が20人以下の企業組合の役員
- 常時使用する従業員の数が20人以下の協業組合の役員
- 常時使用する従業員の数が20人以下であって、農業の経営を主として行っている農事組合法人の役員

中小企業経営・中小企業政策

＜共済制度（略称）の比較＞

	退職金共済	倒産防止共済	小規模企業共済
制 定 年 度	1959年	1977年	1965年
運 営 主 体	勤労者退職金共済機構	中小企業基盤整備機構	
対 象	従業者※1	中小企業	経営者※2
税金の取扱い※3	法人：損金算入	個人：必要経費	経営者個人の所得から控除
掛 金 の 範 囲	5,000～30,000円（16種類）	5,000～200,000円（5,000円きざみ）	1,000～70,000円（500円きざみ）

※1　事業主との間に使用従属関係が認められる同居の親族を含む。
※2　個人事業主に属する共同経営者を含む。
※3　本試験では「非課税」という表現で出題されている。

■小規模事業者経営改善資金融資制度（マル経融資）

　商工会・商工会議所が行う経営改善普及事業を金融面から補完する、日本政策金融公庫が行う無担保・無保証人・**低利**の融資制度である。
① 対象（通常枠）
　・常時使用する従業員が20人以下（商業・サービス業の場合は５人以下。ただし、**宿泊業・娯楽業**は20人以下）の法人・個人事業主
　・原則として**6か月**以上、経営指導員による経営指導を受けている者
　・最近**1年**以上同一商工会議所・商工会の地区内で事業を行っている者
② 貸付限度額（通常枠）
　2,000万円
③ 貸付期間
　設備資金**10年**以内（据置期間２年以内）、運転資金**7年**以内（据置期間１年以内）

■小規模事業者持続化補助金

　小規模事業者のビジネスプランに基づく経営を推進するため、商工

会・商工会議所と一体となって、小規模事業者が経営計画を作成し、その経営計画に基づき**販路開拓**や生産性向上に取り組む費用を支援する補助事業である。

第3章　中小企業政策の変遷

■主要な法律の制定年等

主要な法律の制定年等を表にまとめると図表２－３－１のようになる。

図表２－３－１　主要な法律の制定年等

昭和23年　（1948年）	中小企業庁設置法
昭和24年　（1949年）	中小企業等協同組合法
昭和25年　（1950年）	中小企業信用保険法
昭和28年　（1953年）	商工会議所法
昭和28年　（1953年）	信用保証協会法
昭和31年　（1956年）	下請代金支払遅延等防止法
昭和32年　（1957年）	中小企業団体の組織に関する法律
昭和34年　（1959年）	中小企業退職金共済法
昭和35年　（1960年）	商工会法
昭和37年　（1962年）	商店街振興組合法
昭和38年　（1963年）	中小企業投資育成株式会社法
昭和38年　（1963年）	**中小企業基本法**
昭和40年　（1965年）	小規模企業共済法
昭和45年　（1970年）	下請中小企業振興法
昭和48年　（1973年）	中小小売商業振興法
昭和52年　（1977年）	中小企業倒産防止共済法
平成３年　（1991年）	中小企業労働力確保法
平成５年　（1993年）	小規模事業者支援法
平成10年　（1998年）	投資事業有限責任組合契約に関する法律
平成10年　（1998年）	中心市街地活性化法

中小企業経営・中小企業政策

平成11年（1999年）	**中小企業基本法**改正
平成12年（2000年）	中小企業支援法（旧中小企業指導法：昭和38年）
平成14年（2002年）	独立行政法人中小企業基盤整備機構法（同法人の設立は2004年（平成16年））
平成17年（2005年）	中小企業新事業活動促進法（旧中小企業創造活動促進法・新事業創出促進法・中小企業経営革新支援法の統合）
平成19年（2007年）	株式会社日本政策金融公庫法
平成20年（2008年）	農商工等連携促進法
平成20年（2008年）	経営承継円滑化法
平成21年（2009年）	地域商店街活性化法
平成22年（2010年）	中小企業憲章（閣議決定）
平成25年（2013年）	小規模企業活性化法（**中小企業基本法**等の改正）
平成26年（2014年）	小規模基本法
平成28年（2016年）	中小企業等経営強化法（中小企業新事業活動法の改正）
平成29年（2017年）	地域未来投資促進法
令和元年（2019年）	中小企業**強靭化**法（中小企業等経営強化法等の改正）
令和2年（2020年）	中小企業**成長促進**法（中小企業経営強化法等の改正）

中小企業診断士 2021年度版

最速合格のための要点整理ポケットブック　第1次試験2日目

＜ポケットテキスト　2日目＞
2007年度版　2007年1月10日　初版　第1刷発行
＜最速合格のための要点整理ポケットブック　第1次試験2日目＞
2021年1月24日　初　版　第1刷発行

編　著　者	Ｔ　Ａ　Ｃ　株　式　会　社	
	（中小企業診断士講座）	
発　行　者	多　　田　　敏　　男	
発　行　所	Ｔ　Ａ　Ｃ株式会社　出版事業部	
	（ＴＡＣ出版）	

〒101-8383
東京都千代田区神田三崎町3-2-18
電話　03(5276)9492(営業)
FAX　03(5276)9674
https://shuppan.tac-school.co.jp

印　　　刷	株式会社　ワコープラネット	
製　　　本	株式会社　常　川　製　本	

© TAC 2021　　　Printed in Japan

ISBN 978-4-8132-9427-6
N.D.C. 335

本書は、「著作権法」によって、著作権等の権利が保護されている著作物です。本書の全部または一部につき、無断で転載、複写されると、著作権等の権利侵害となります。上記のような使い方をされる場合、および本書を使用して講義・セミナー等を実施する場合には、小社宛許諾を求めてください。

乱丁・落丁による交換、および正誤のお問合せ対応は、該当書籍の改訂版刊行月末日までといたします。なお、交換につきましては、書籍の在庫状況等により、お受けできない場合もございます。
また、各種本試験の実施の延期、中止を理由とした本書の返品はお受けいたしません。返金もいたしかねますので、あらかじめご了承くださいますようお願い申し上げます。

中小企業診断士への関心が高まった方へおすすめの

2021合格目標 1次「財務・会計」先どり学習講義

1次試験「財務・会計」試験、2次試験「事例Ⅳ」とも数値計算をする問題が出題されます。当講義は頻出領域に絞って解説しながらインプットし、問題を解きながらアウトプットする学習をしていきます。
「財務・会計」が得意になると、2次試験「事例Ⅳ」の学習でも大きなアドバンテージを得られます。早期に対策を行うことで、「財務・会計」をぜひ得意科目にしてください!

カリキュラム

第1回	☐ 会計種類 ☐ B/S(貸借対照表)、P/L(損益計算書)の概要とつながり ☐ B/S、P/Lの一般的な項目	☐ 簿記(仕訳)の基礎、仕訳の練習、減価償却 ☐ B/S、P/L作成練習 ☐ キャッシュフロー計算書
第2回	☐ 経営分析(総合収益性、収益性、効率性、安全性)	☐ 1次過去問題演習　　☐ 2次過去問演習
第3回	☐ CVP分析(損益分岐点、損益分岐点比率、安全余裕率、利益計画、利益差異、感度分析) ☐ 1次過去問題演習　　☐ 2次過去問演習	
第4回	☐ 投資の経済性計算(正味現在価値法、内部収益率法、収益性指数法、単純回収期間法) ☐ 1次過去問題演習　　☐ 2次過去問演習	

学習メディア

●ビデオブース講座　●Web通信講座

教材

オリジナルテキスト1冊

講義時間

140分/回

フォロー制度

質問メール:3回まで(受講生専用サイトにて受付)

受講料

コース	学習メディア	通常受講料
1次「財務・会計」先どり学習講義	ビデオブース講座	¥15,000
	Web通信講座	¥14,000

※左記は入会金不要
※受講料は教材費・消費税10%が含まれます。

中小企業診断士試験の受講を検討中でもっといろいろなことをお知り

これから始める相談ダイヤル
ライセンスアドバイザーまで
お気軽にご相談ください。

通話無料 0120-443-411 受付時間 月～金/9:30～19:00　土・日・祝/9:30～18:00

講座案内　資格の学校 TAC

2021合格目標　1次パック生　直前編

全7科目のアウトプットを中心に直前期の総仕上げをしたい方におすすめです。TACオリジナル問題の答練・公開模試を受験することで、得点力が向上します。

カリキュラム 全21回(内 Web受講7回)＋1次公開模試

2021年5月～7月	
1次完成答練 [14回]	本試験の予想問題に取り組み、これまでの学習の成果を確認します。 ここで間違えてしまった問題は、確実にマスターすることが重要です。
1次公開模試 [2日間]	本試験と同様の形式で実施する模擬試験です。 自分の実力を正確に測ることができます。これまでの学習の成果を発揮してください。
1次最終講義 [各科目1回／全7回]	1次試験対策の最後の総まとめ講義です。 法改正などのトピックも交えた最新情報をお伝えします。

学習メディア

●教室講座　●ビデオブース講座　●Web通信講座　●DVD通信講座

フォロー制度

質問メール:10回まで(受講生専用サイトにて受付)

受講料

コース	学習メディア	開講月	通常受講料	
1次パック生(直前編)	教室講座	2021年5月	¥80,000	2021年 2月1日(月)より お申込みいただけます。
	ビデオブース講座			
	Web通信講座	2021年4月	¥72,000	
	DVD通信講座		¥88,000	

※0から始まる会員番号をお持ちでない方は、受講料のほかに別途入会金¥10,000(消費税込)が必要です(ただし、¥30,000未満のコースは不要)。
※受講料は教材費・消費税10%が含まれています。

になりたい方は、下記のサービス(無料)をお気軽にご利用ください！

これから始める相談メール

メール相談は24時間受付中!

TAC 資格例　検索

中小企業診断士講座のご案内

現役の中小企業診断士が"熱く"語る!
講座説明会&個別相談コーナー 予約不要! 参加無料!

試験制度や学習方法、資格の魅力等について、現役の中小企業診断士が語ります。予約不要、参加無料です。直接会場にお越しください。
ガイダンス終了後には、学習を始めるにあたっての疑問や不安を、講師や合格者等に質問できる「個別相談コーナー」も開催します。

>>ガイダンス日程は、TAC中小企業診断士講座パンフレットまたはTACホームページにてご確認ください。

▶▶▶ TAC 診断士 ガイダンス 検索

TACの講義を体感!
無料体験入学制度 体験無料!

TACではお申込み前に講義を無料で体験受講いただけます。
講義の雰囲気や講師・教材をじっくり体験してからお申込みください!

教室で体験

各コースの第1回目の講義の開始前に各校舎の受付窓口にてお手続きください。
予約不要です。

ビデオブースで体験

TACのビデオブースで第1回目の講義を受講できます。ご都合の良い日時を下記よりご予約ください。

03-5276-8988 受付時間 月〜金/9:30〜19:00 土・日・祝/9:30〜18:00

インターネットで体験

TACホームページ内の「TAC動画チャンネル」より体験講義のご視聴が可能です。

▶▶▶ TAC 診断士 動画チャンネル 検索

当ページでご紹介しているサービスは、全て無料です。ぜひご活用ください！

資格の学校 TAC

各種セミナー・体験講義を見たい！
TAC動画チャンネル 視聴無料！

資格の概要や試験制度・TACのカリキュラムをご説明する「講座説明会」、実務の世界や戦略的な学習方法、試験直前対策などをお話する「セミナー」等、多様なジャンルの動画を無料でご覧いただけます！

▶▶▶ TAC 診断士 動画チャンネル　検索

読者にオススメの動画！

ガイダンス

中小企業診断士の魅力とその将来性や、効率的・効果的な学習方法等を紹介します。ご自身の学習計画の参考として、ぜひご覧ください！

主なテーマ例
- ▶ 中小企業診断士の魅力
- ▶ 試験制度
- ▶ 初学者向けコースガイダンス
- ▶ 無料体験講義（Web視聴）

各種セミナー

各種情報や教室で開催したセミナーを無料配信しています。中小企業診断士受験生に役立つ情報が盛りだくさんです！

主なテーマ例
- ▶ 1次直前対策セミナー
- ▶ 2次直前対策セミナー
- ▶ 2次口述試験対策セミナー
- ▶ キャリアアップ＆起業・創業・独立開業セミナー　等

開講コースのご案内

学習したい科目のみのお申込みができる、学習経験者向けカリキュラム
1次上級単科生(応用+直前編)

- □ 必ず押さえておきたい論点や合否の分かれ目となる論点をピックアップ!
- □ 実際に問題を解きながら、解法テクニックを身につける!
- □ 習得した解法テクニックを実践する答案練習!

カリキュラム ※講義の回数は科目により異なります。

1次応用編 2020年10月~2021年4月

1次上級講義
[財務5回/経済5回/中小3回/その他科目各4回]
講義140分/回
過去の試験傾向を分析し、頻出論点や重要論点を取り上げ、実際に問題を解きながら知識の再確認をするとともに、解法テクニックも身につけていきます。
[使用教材]
1次上級テキスト(上・下巻)
→INPUT←

1次上級答練
[各科目1回]
答練60分+解説80分
1次上級講義で学んだ知識を確認・整理し、習得した解法テクニックを実践する答案練習です。
[使用教材]
1次上級答練
←OUTPUT→

1次養成答練 [各科目1回] ※講義回数には含まず。
基礎知識の確認を図るための1次試験対策の答案練習です。
配布のみ・解説講義なし・採点あり
←OUTPUT→

1次直前編 2021年5月~

1次完成答練
[各科目2回]
答練60分+解説80分/回
重要論点を網羅した、TAC厳選の本試験予想問題による答案練習です。
[使用教材]
1次完成答練
←OUTPUT→

1次最終講義
[各科目1回]
講義140分/回
1次対策の最後の総まとめです。法改正などのトピックを交えた最新情報をお伝えします。
[使用教材]
1次最終講義レジュメ
→INPUT←

1次試験 [2021年7月(推定)]

さらに! 「1次基本単科生」の教材付き!(配付のみ・解説講義なし)
◇基本テキスト ◇講義サポートレジュメ ◇1次養成答練 ◇トレーニング ◇1次過去問題集

学習メディア

教室講座

ビデオブース講座

Web通信講座

DVD通信講座

開講予定月

- ◎企業経営理論/10月
- ◎経営情報システム/10月
- ◎財務・会計/10月
- ◎経営法務/10月
- ◎運営管理/10月
- ◎中小企業経営・政策/11月
- ◎経営学・経済政策/10月

1科目から申込できます! ※詳細はホームページまたはパンフレットをご覧ください。

資格の学校 TAC

本試験を体感できる!実力がわかる!
2021(令和3)年合格目標 公開模試

受験者数の多さが信頼の証。全国最大級の公開模試!

中小企業診断士試験、特に2次試験においては、自分の実力が全体の中で相対的にどの位置にあるのかを把握することが非常に大切です。独学や規模の小さい受験指導校では把握することが非常に困難ですが、TACは違います。規模が大きいTACだからこそ得られる成績結果は極めて信頼性が高く、自分の実力を相対的に把握することができます。

1次公開模試
2019年度受験者数
3,278名

2次公開模試
2019年度受験者数
2,374名

TACだから得られるスケールメリット!

規模が大きいから正確な順位を把握し効率的な学習ができる!

TACの成績は全国19の直営校舎にて講座を展開し、多くの方々に選ばれていますので、受験生全体の成績に近似しており、**本試験に近い成績・順位を把握する**ことができます。

さらに、他のライバルたちに差をつけられている、自分にとって本当に克服しなければいけない**苦手分野を自覚することができ**、より効率的かつ効果的な学習計画を立てられます。

規模の小さい受験指導校で得られる成績・順位よりも…

この母集団で今の成績なら大丈夫!

規模の大きい**TAC**なら、本試験に近い成績が分かる!

実施予定

1次公開模試:2021年5/29(土)・30(日)実施予定
2次公開模試:2021年9/5(日)実施予定

詳しくは公開模試パンフレットまたはTACホームページをご覧ください。

1次公開模試:2021年2月中旬完成予定　2次公開模試:2021年7月上旬完成予定

https://www.tac-school.co.jp/　TAC　診断士　[検索]

2021年度 中小企業診断士試験 (第1次試験・第2次試験)

TAC出版では、中小企業診断士試験（第1次試験・第2次試験）にスピード合格を目指される方のために、科目別、用途別の書籍を刊行しております。資格の学校TAC中小企業診断士講座とTAC出版が強力なタッグを組んで完成させた、自信作です。ぜひご活用いただき、スピード合格を目指してください。

※刊行内容・刊行月・装丁等は変更になる場合がございます。

基礎知識を固める

▶ みんなが欲しかった!シリーズ

みんなが欲しかった! 中小企業診断士 合格へのはじめの一歩 好評発売中
A5判
● フルカラーでよくわかる、「本気でやさしい入門書」! 試験の概要、学習プランなどのオリエンテーションと、科目別の主要論点の入門講義を収載。

みんなが欲しかった! 中小企業診断士の教科書
上:企業経営理論、財務・会計、運営管理
下:経済学・経済政策、経営情報システム、経営法務、中小企業経営・政策

A5判 10～11月刊行 全2巻
● フルカラーでおもいっきりわかりやすいテキスト
● 科目別の分冊で持ち運びラクラク
● 赤シートつき

みんなが欲しかった! 中小企業診断士の問題集
上:企業経営理論、財務・会計、運営管理
下:経済学・経済政策、経営情報システム、経営法務、中小企業経営・政策

A5判 10～11月刊行 全2巻
● 診断士の教科書に完全準拠
● 各科目とも論点別に約50問収載
● 科目別の分冊で持ち運びラクラク

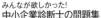

▶ 最速合格シリーズ

科目別 全7巻
①企業経営理論
②財務・会計
③運営管理
④経済学・経済政策
⑤経営情報システム
⑥経営法務
⑦中小企業経営・中小企業政策

最速合格のための スピードテキスト
A5判 9月～12月刊行
● 試験に合格するために必要な知識のみを集約。初めて学習する方はもちろん、学習経験者も安心して使える基本書です。

科目別 全7巻
①企業経営理論
②財務・会計
③運営管理
④経済学・経済政策
⑤経営情報システム
⑥経営法務
⑦中小企業経営・中小企業政策

最速合格のための スピード問題集
A5判 9月～12月刊行
● 「スピードテキスト」に準拠したトレーニング用問題集。テキストと反復学習していただくことで学習効果を飛躍的に向上させることができます。

1次試験への総仕上げ

最速合格のための 第1次試験過去問題集
A5判 11月刊行
● 過去問は本試験攻略の上で、絶対に欠かせないトレーニングツールです。また、出題論点や出題パターンを知ることで、効率的な学習が可能となります。5年分の本試験問題を科目別にまとめた本書は、丁寧な解説つきで、理解もぐんぐん進みます。

科目別 全7巻
①企業経営理論　③運営管理　⑤経営情報システム　⑦中小企業経営・中小企業政策
②財務・会計　　④経済学・経済政策　⑥経営法務

受験対策書籍のご案内　TAC出版

要点整理と弱点補強

全2巻
1日目（経済学・経済政策、財務・会計、企業経営理論、運営管理）
2日目（経営法務、経営情報システム、中小企業経営・中小企業政策）

最速合格のための
要点整理ポケットブック
B6変形判　1月刊行

● 第1次試験の日程と同じ科目構成の「要点まとめテキスト」です。コンパクトサイズで、いつでもどこでも手軽に確認できます。買ったその日から本試験当日の会場まで、フル活用してください!

集中特訓 財務・会計 計算問題集 第7版
B5判

● 財務・会計を苦手とする受験生の「計算力」を飛躍的に向上することを目的として、第1次試験の基礎的なレベルから、第2次試験の応用レベルまでを広くカバーした良問を厳選して収録しました。集中特訓で苦手科目脱却を図りましょう。

好評発売中

2次試験への総仕上げ

最速合格のための
第2次試験 過去問題集
B5判　1月刊行

● 過去5年分の本試験問題を収載し、問題文の読み取り方から解答作成まで丁寧に解説しています。抜き取り式の解答用紙付きです。最高の良問である過去問題に取り組んで、合格をたぐりよせましょう。

集中特訓 診断士 第2次試験 第2版
B5判

● 本試験と同様の4つの事例を4回分、計16問の問題を収録。実際に問題を解き、必要な確認・修正を行い、次の問題に取り組むことを繰り返すことで、2次試験への対応力を高めることができます。

好評発売中

TACの書籍はこちらの方法でご購入いただけます

1. 全国の書店・大学生協
2. TAC各校 書籍コーナー
3. インターネット

CYBER TAC出版書籍販売サイト
BOOK STORE
アドレス　https://bookstore.tac-school.co.jp/

・2020年8月現在　・価格等詳細は、決定しだい上記のサイバーブックストアに掲載されますのでご参照ください

書籍の正誤についてのお問合わせ

万一誤りと疑われる箇所がございましたら、以下の方法にてご確認いただきますよう、お願いいたします。

なお、正誤のお問合わせ以外の書籍内容に関する解説・受験指導等は、**一切行っておりません。**
そのようなお問合わせにつきましては、お答えいたしかねますので、あらかじめご了承ください。

1 正誤表の確認方法

TAC出版書籍販売サイト「Cyber Book Store」の
トップページ内「正誤表」コーナーにて、正誤表をご確認ください。

CYBER TAC出版書籍販売サイト
BOOK STORE

URL:**https://bookstore.tac-school.co.jp/**

2 正誤のお問合わせ方法

正誤表がない場合、あるいは該当箇所が掲載されていない場合は、書名、発行年月日、お客様のお名前、ご連絡先を明記の上、下記の方法でお問合わせください。

なお、回答までに1週間前後を要する場合もございます。あらかじめご了承ください。

文書にて問合わせる

● 郵 送 先　〒101-8383 東京都千代田区神田三崎町3-2-18
　　　　　　TAC株式会社 出版事業部 正誤問合わせ係

FAXにて問合わせる

● FAX番号　**03-5276-9674**

e-mailにて問合わせる

● お問合わせ先アドレス　**syuppan-h@tac-school.co.jp**

※お電話でのお問合わせは、お受けできません。また、土日祝日はお問合わせ対応をおこなっておりません。
※正誤のお問合わせ対応は、該当書籍の改訂版刊行月末日までといたします。

乱丁・落丁による交換は、該当書籍の改訂版刊行月末日までといたします。なお、書籍の在庫状況等により、お受けできない場合もございます。
また、各種本試験の実施の延期、中止を理由とした本書の返品はお受けいたしません。返金もいたしかねますので、あらかじめご了承くださいますようお願い申し上げます。

TACにおける個人情報の取り扱いについて
■お預かりした個人情報は、TAC(株)で管理させていただき、お問い合わせへの対応、当社の記録保管および当社商品・サービスの向上にのみ利用いたします。お客様の同意なしに業務委託先以外の第三者に開示、提供することはございません(法令等により開示を求められた場合を除く)。その他、個人情報保護管理者、お預かりした個人情報の開示等及びTAC(株)への個人情報の提供の任意性については、当社ホームページ(https://www.tac-school.co.jp)をご覧いただくか、個人情報に関するお問い合わせ窓口(E-mail:privacy@tac-school.co.jp)までお問合せください。

(2020年10月現在)